Magdalena Köster
Den letzten Abschied selbst gestalten

Editorische Notiz

Bei den Begriffen »der Verstorbene« oder »der Bestatter«, die in vielen Interviews und bei Zitaten vorkommen, ist immer auch die weibliche Form gemeint, zumal der weibliche Teil der Bevölkerung inzwischen stark an der neuen Bestattungskultur beteiligt ist. Mit dem Begriff »Angehörige« meine ich immer auch den Freundeskreis und Bekannte, nicht nur die Verwandten.

Berichte und Zitate von Privatpersonen habe ich in der Regel mit deren Vornamen und Alter versehen. Wer dies nicht wünschte, erhielt ein Pseudonym mit Sternchen.

Die **Deutsche Nationalbibliothek** verzeichnet diese Publikation in der Deutschen Nationalbibliografie; detaillierte bibliografische Daten sind im Internet über http://dnb.d-nb.de abrufbar.

1. Auflage, September 2008

Schönhauser Allee 36, 10435 Berlin, Tel.: (030) 44 02 32-0
Internet: www.linksverlag.de; mail@linksverlag.de
Umschlaggestaltung: KahaneDesign, Berlin
unter Verwendung eines dpa-Fotos von Uwe Zeucchi: Friedwald, Reinhardswald in Hessen
Satz: Agentur Siegemund, Berlin
Druck und Bindung: Druckerei F. Pustet, Regensburg

ISBN 978-3-86153-497-6

Inhalt

Vorwort

Eigentlich sind wir es gewohnt, nach den eigenen Vorstellungen zu leben und die wichtigen Dinge des Lebens selbst zu gestalten. Doch nach dem Tod eines nahestehenden Menschen herrscht oft große Ratlosigkeit. Die Abläufe bis zur Bestattung wirken häufig so durchprogrammiert, dass sich Trauernde in dieser schweren Zeit nicht selten nutzlos und fehl am Platze fühlen. Hinzu kommt, dass viele Menschen das Thema Tod zeitlebens meiden. Nach einer Studie der Universität Hohenheim verdrängen dies drei Viertel der Männer und 60 Prozent der Frauen, um sich nicht »die Freude am Leben« zu verderben. Andere betonen allerdings, sie würden ihr Leben gerade deshalb genießen, weil sie hin und wieder an das Ende dächten. Sie gehören zu denen, die sich von ihren Verstorbenen in Ruhe verabschieden möchten und sich auch schon einmal Gedanken über ihre eigene Beerdigung gemacht haben. Sie wollen sich für diese wichtigen Stunden und Tage nicht in ein starres to-do-Korsett zwängen lassen, sondern den letzten Abschied in einem liebevollen Umfeld selbst gestalten. Sie wollen auch wissen, was nach dem Tod eigentlich möglich und erlaubt ist, um den verstaubten Ritualen etwas entgegenzusetzen.

Und es staubt ordentlich in allen Bereichen, die mit der Bestattung zu tun haben. Da gibt es viel Selbstgefälligkeit und Willkür. Trauernde werden in Krankenhäusern und Pflegeheimen nicht darauf aufmerksam gemacht, dass sie ihre Toten 36 Stunden mit nach Hause nehmen oder sich in einem geeigneten Raum in aller Ruhe von ihnen verabschieden können. Stattdessen entscheiden Klinikhausmeister, Verstorbene erst nach dem Wochenende »auszuliefern«. So lange werden sie in die Pathologie »verräumt«. Gern redet uns auch ein Bestatter ein, den Sargdeckel nicht mehr aufzumachen. »Behalten Sie die Oma lieber so in Erinnerung.« Andere sagen ganz unverblümt: »Kümmern Sie sich um die Trauerbriefe, wir kümmern uns um den Toten.« Damit wird Trauernden nicht nur die Arbeit abgenommen, sondern gleich auch der Verstorbene. Nichts scheint eiliger zu sein, als ihn in einen Kühlraum zu bringen, so als hätten wir es dauernd mit 40 Grad Hitze oder schwerer Ansteckungsgefahr zu tun.

So manche Bestatter wollen uns immer noch geschnitzte Eichensärge verkaufen, obwohl die fünfziger Jahre schon sehr lange zurückliegen. Designstudenten reagierten entsetzt, als sie das übliche Sarg- und Urnenmobiliar unter die Lupe nahmen und sprachen von einer »Omaisierung« der Branche. Die aufgedrängte Bestattungswäsche ist ein gefältelter Witz, derartige Talare würde kein Lebender anziehen. Friedhofsangestellte wuchten den falschen, den hässlichen Kranz auf den Sarg des Ehemannes, weil ihnen das zarte Gesteck der Frau zu mickrig erscheint. Die gleichen Leute schnalzen auch schon mal ungeduldig mit der Zunge, wenn weinende Trauergäste nicht schnell genug aus der Aussegnungshalle eilen. Am Grab reiht so mancher Pfarrer nur ausgestanzte Sätze aneinander.

Erstaunlich ist die immer noch anzutreffende Beamtenmentalität. Ein großer Teil der Bestatter, der Friedhofsverwalter, Krematorien und Behörden scheint kein Interesse daran zu haben, Abläufe zu verbessern und serviceorientierter zu arbeiten. Da klagt eine ganze Branche über den »Verfall der Bestattungskultur« und sieht sich nicht in der Lage, eine Beerdigung um 17 Uhr oder am Samstag zu ermöglichen. Stattdessen legt sie weiterhin Trauerfeiern im 30-Minuten-Takt fest. Wer solche Fließbandbestattungen nicht möchte, muss sich eine Doppelzeit erkaufen.

Viele Menschen, die schon einmal ein Begräbnis ausrichten mussten oder als Gast dabei waren, sind aus Erfahrung klug geworden und lassen sich nichts mehr aus der Hand nehmen. Sie erzählen in diesem Buch, wie sie sich ganz in Ruhe von ihrer Mutter verabschiedet haben, den Sarg des Mannes bemalten, selbst eine Rede auf den Opa hielten, die Trauergäste mit einem

Kerzenritual eingebunden haben. Sie wechseln den Bestatter, wenn der behauptet, im Zusammenhang mit dem Toten müsse etwas »unverzüglich/umgehend/unbedingt« geschehen und all die Mythen seiner Branche mit dem »pietätvollen Umgang mit Verstorbenen« begründet. Sie verlassen sich auch nicht darauf, dass ihnen die Bestatter bei der Trauerfeier und Beerdigung zur Seite stehen. Denn die schicken oft einfach ein Fax an die Friedhofsverwaltung oder das Krematorium und haken auf einer Liste nur »Musik«, »Kerzen« und »Blumen« ab. Damit überlassen sie die trauernden Angehörigen wildfremden Mitarbeitern, die mitunter sehr bemüht sind, aber doch auch öfter durch raue Umgangsformen auffallen.

Menschen, die es gewohnt sind, Dinge in Frage zu stellen, suchen auch nach neuen Bestattungsmöglichkeiten. Sie wollen kein Einzelgrab mehr, das dann dreißig Jahre lang gepflegt werden müsste, sondern mit ihresgleichen zusammenbleiben. Sie entscheiden sich für ein Gemeinschaftsgrab unter Rosen oder kaufen sich einen Baum im Friedpark. Viele sehen auch nicht ein, warum in Deutschland die Asche stets auf einem Friedhof beigesetzt werden muss. Denn dort liegt sie zwanzig Jahre, eingesperrt in Aschenkapsel und Überurne, um nach Ablauf der Ruhefrist in einem Massengrab zusammengeschüttet oder ein weiteres Mal verbrannt zu werden. Da holen manche die Asche ihrer Toten lieber mit einem Trick aus dem Ausland zurück oder tauschen sie heimlich auf dem Friedhof aus.

Bei der Überarbeitung der deutschen Friedhofsgesetze war die Diskussion zuletzt stark vom Friedhofszwang für die Asche bestimmt. Angehörige sollten sie auf Wunsch mit nach Hause nehmen können – überall in Europa eine Selbstverständlichkeit, bei uns von den Lobbyisten erfolgreich abgeschmettert. Verschlafen hat man dabei den Umweltgedanken, eigentlich doch ein ureigenes deutsches Anliegen. So behindern Eichensärge und kunststoffhaltige Kleidung den Verwesungsprozess, liegen unter der Erde zig Millionen Urnen und Sarggriffe aus unverrottbaren Materialien. Die sollten stattdessen biologisch abbaubar sein und Aschenkapseln könnten auf Wunsch vor der Beisetzung entfernt werden.

Es sind die Vertreter der freien Berufe, begleitet von Vordenkerinnen und scheuklappenfreien Fachleuten, die Bewegung in die Bestattungsszene bringen und den Markt mit individuellen Angeboten bereichern. Über solche engagierten Menschen, ihre Ideen und mitunter wunderbare Eigenwilligkeit wird hier berichtet. Mobile Bestatterinnen fahren durchs ganze Land, um den »Übergang« eines Menschen sorgsam zu begleiten. Ein Bestatter rät Angehörigen ganz offen, sich nicht um Genehmigungen zu kümmern. »Gestaltet den Abschied so wie ihr wollt.« Ein innovativer Friedhofsleiter stellt mit einem Info-Center und »Lebensgarten« alte Sichtweisen auf den Kopf und verlangt von den Behörden, Friedhöfe dem Kulturbereich zuzuordnen. Tolerante Pfarrer begleiten auf Wunsch gern Nichtgläubige auf ihrem letzten Weg, christliche Theologen wandeln leere Kirchen in kunstvolle Urnenfriedhöfe um und setzen damit einen Akzent gegen die zunehmende anonyme Bestattung. Eine Trauerrednerin begleitet Familien während des ganzen Abschiedsprozesses und verhindert dabei so manche Panne anderer Beteiligter.

Die Schwulen waren die ersten, die sich gegen die konventionelle Bestattungsszene auflehnten. Sie lebten immer schon in ihrer eigenen Welt und wollten die auch beim Abschied ihrer Freunde abgebildet sehen. Sie vor allem kreierten mit den ersten bunten Beerdigungen eine neue Bestattungskultur für ihre Aidstoten. Auch die Hospizbewegung setzt sich nicht nur für einen guten Umgang mit den Sterbenden ein, sondern fordert auch ihre würdevolle Behandlung nach dem Tod und die Möglichkeit, sich von ihnen am offenen Sarg zu verabschieden.

In diesem Buch kommen viele Menschen zu Wort, die sich für neue und freie Formen des letzten Abschieds einsetzen, die sich kluge Gedanken darüber machen, wie sich eingeschliffene Gewohnheiten in liebevolle Rituale umwandeln lassen. Einfach nur, indem sie sagen, wir machen das jetzt mal ganz anders.

Magdalena Köster

Die ersten Stunden nach dem Tod

Der Philosoph Paul Ludwig Landsberg prägte das Bild des gerade Gestorbenen als »anwesend in Abwesenheit«. Tote stünden auf der Schwelle, in einem Zwischenreich, dem »schon gestorben« aber »noch nicht begraben«. Grund genug, sich diesen Menschen nicht einfach aus der Hand nehmen zu lassen, ihn noch ein wenig bei sich zu behalten und zu begleiten.

Viele wissen in Deutschland nicht, dass sie einen Verstorbenen ohne jegliche Genehmigung 36 Stunden zu Hause aufbahren können. Auf Antrag kann dies sogar auf bis hin zu 96 Stunden verlängert werden. Es ist auch ohne Probleme möglich, jemanden, der im Krankenhaus gestorben ist, noch einmal nach Hause zu holen, um dort Abschied zu nehmen. Dennoch sind Behauptungen wie in einer Zeitschrift von 2002 nicht selten: »Die Ausstellung des Verstorbenen im offenen Sarg ist verboten.«

Nicht einmal die meisten Ärzte wissen Bescheid. Eine Umfrage der Universität Mainz unter Ärzten in Rheinland-Pfalz machte deutlich, dass weniger als ein Viertel der 250 Befragten wusste, dass eine häusliche Aufbahrung bis zu 36 Stunden gesetzlich erlaubt ist. Die meisten Ärzte hielten die Zeit für wesentlich kürzer oder meinten sogar, der Tote müsse sofort ins Leichenhaus gebracht werden. Nur ein Drittel der Ärzte ermutigte die Angehörigen dazu, den Verstorbenen noch eine Weile zu Hause zu lassen oder am Bett in der Klinik sitzen zu bleiben.

Die Universität Mainz zitiert eine weitere Untersuchung, nach der mehr als 90 Prozent der Verwandten oder Vertrauten sagten, in der unmittelbaren Zeit nach dem Tod ihres Angehörigen sei die Trauerreaktion am heftigsten gewesen. Das widerspricht der unter professionellen Helfern weit verbreiteten

Annahme, die Menschen seien in diesen Tagen völlig betäubt und wie in Watte gepackt. Im Gegenteil betonten fast alle Befragten, dass ihnen diese Zeit ganz intensiv in Erinnerung geblieben sei. Demnach ist ein qualifizierter Umgang aller Beteiligten mit den Trauernden für die spätere Verarbeitung des Verlustes von großer Bedeutung.

Die holländische Trauerforscherin Ruthmarijke Smeding hat für die Tage zwischen Tod und Beerdigung den Begriff der Schleusenzeit geprägt. Das sei die Zeit, in der die Trauernden auf natürlichem Weg mit Fachleuten in Berührung kämen. »Wenn ein Schiff durch eine Schleuse fährt, gibt es Menschen, die dafür sorgen, dass das Boot gut durch diese Schleuse kommt.« In vielen Gesellschaften gebe es eine Übergangszeit bis zur Beerdigung, die durch Totenwache, Übergangsbräuche und Rituale gestaltet werde. Dafür seien erfahrene Schleusenwärter gefragt, die die »Hierbleibenden Stück für Stück beim Abschied von demjenigen, der ins Jenseits überwechselt, begleiten« und sie damit für den weiteren Trauerweg stärken.

Smeding gibt Trauernden ein anschauliches Bild mit auf den Weg: Wenn jemand gerade gestorben ist, sitzt er sozusagen schon im Zug des Todes. Der ist bereits angefahren, Fenster und Türen aber stehen noch offen. »Man kann noch ein Stück weit am Zug entlanglaufen und ein paar liebe Worte nachrufen, bis man selbst zum Bahnhof zurückkehren muss.« Dieser Abschied mache die nächsten Wochen und Monate nicht unbedingt leichter, könne aber stärken wie ein Päckchen Proviant.

Die langjährige Hospizleiterin und Psychologin Dr. Daniela Tausch-Flammer fasst ihre Erfahrungen in einem Interview mit *BR-Alpha* so zusammen: »Ich denke, gerade dieses Abschiednehmen ist sehr wichtig: Man merkt, dass der Körper kalt wird, und dass man nichts dagegen tun kann. Er wird kälter und kälter. Das ist eine wichtige Erfahrung, um den Tod wenigstens ahnungsweise begreifen und spüren zu können. Aber ich will hier keinesfalls eine neue Norm setzen in dem Sinne, dass man jemanden unbedingt 24 Stunden lang zu Hause aufbahren muss. Ich würde stattdessen sagen, dass man ganz einfach seinem Herzen folgen und sich vielleicht jemanden suchen sollte, der dabei ein wenig erfahrener ist, der ruhiger ist. Da braucht man oftmals einen Menschen, der einen an die Hand nimmt und sagt, ›du, wollen wir das so und so machen? Wollen wir noch eine Kerze anzünden und vielleicht noch dieses oder jenes lesen?‹«

Eine Organspende verändert den Abschied

Wenn jemand zu Lebzeiten entschieden hat, Organe oder Gewebe zu spenden und einen entsprechenden Organspendeausweis besaß, steht sie oder er nach dem Hirntod für Organentnahmen zur Verfügung. Das verändert den Abschied. Den Zustand des Hirntods müssen zwei Ärzte unabhängig voneinander bestätigen, um den Kreislauf aufrecht zu erhalten und für eine künstliche Beatmung zu sorgen, die Voraussetzung für eine Organentnahme ist.
Damit ist ein Abschied in den ersten Stunden nach dem Tod vorübergehend unterbrochen. Die Ärzte sind jedoch verpflichtet, die Operationswunde wieder sorgfältig zu verschließen und den Verstorbenen in einen »würdigen Zustand« zu versetzen, so dass sich die Angehörigen auch danach noch verabschieden können. Dies sollte man vor der Übergabe des Toten gegenüber den Ärzten mit aller Deutlichkeit auch einfordern.
(Weitergehende Informationen stehen auf der von der Bundeszentrale für gesundheitliche Aufklärung eingerichteten Webseite www.organspende-kampagne.de.)

»Sie haben alle Zeit der Welt«
Jürgen Wälde, Christopherus-Hospiz-Verein München

»Ruhe! Das ist das, was die Menschen nach dem Tod eines Angehörigen am meisten benötigen. Daher sagen wir immer, Sie haben bei uns alle Zeit der Welt, die Sie für Ihren Abschied brauchen. Viele verfallen aus Unsicherheit und Anspannung in totale Hektik, wollen gleich die Behörden benachrichtigen und den Sarg aussuchen. Das hat alles Zeit. Der Arzt kommt zum Ausstellen des Totenscheines ohnehin erst nach einigen Stunden, wenn die sicheren Todesanzeichen erkennbar sind. Wir bieten den Angehörigen an, den Verstorbenen gemeinsam zu waschen und anzukleiden und fragen, wen sie vielleicht zum letzten Abschied dazuholen möchten. Manche wünschen sich den Beistand eines Seelsorgers oder möchten mit unseren Ehrenamtlichen etwas singen oder ein Vaterunser beten. Wir versuchen, ein Gespür dafür zu entwickeln, was den Menschen in diesem Moment gut tut. Wir schlagen vor, Kerzen anzuzünden, Duftessenzen aufzustellen oder Blumen zu verteilen. Dabei ermutigen wir die Besucher, den Verstorbenen noch einmal anzufassen und zu streicheln. Wir raten auch, Kinder jeden Alters mit dazuzunehmen, wenn sie es selbst möchten. Kinder haben ein gutes Gespür dafür, was für sie das Richtige ist.

Egal, ob im Hospiz oder bei der Aufbahrung zu Hause – ich empfehle, sich möglichst schon vor dem Tod ein Bestattungsunternehmen zu suchen und bei dessen Auswahl weniger auf seine Präsentation nach außen als auf gute Erfahrungen von Bekannten und Verwandten zu hören. Wenn der Bestatter dann trotzdem drängen sollte, schicken Sie ihn wieder weg und bitten ihn, später wieder zu kommen. Wenn er nicht einsichtig ist, sagen Sie, dass Sie einen anderen Anbieter wählen werden. Dann sind sehr viele Dinge möglich!

Aus langjähriger Erfahrung heraus rate ich auch dazu, sich schon zu Lebzeiten mit dem eigenen Tod und der gewünschten Bestattung zu beschäftigen. Menschen, die sich vor dem Thema scheuen, könnten zumindest schon einmal eine Patientenverfügung ausfüllen. Das ist sozusagen ein niederschwelliger Zugang zu dem Thema, ein erstes Herantasten. Wichtig wäre auch, sich mit seinen Nächsten darüber zu unterhalten. Ich habe einmal erlebt, wie die Vorstellungen eines Vaters gar nicht zu denen seiner Tochter passten. Kurz vor seinem Tod sagte er dann: ›Ich werde tot sein, aber du musst weiterleben, also gehe ich auf deine Wünsche ein.‹«

»Mit uns sprechen sie über ihre Wünsche« Eva-Maria, Krankenschwester und Hospizhelferin, Aachen

»Ich arbeite seit Jahren als Krankenschwester, zunächst auf einer Palliativstation, dann in der Onkologie und jetzt auf einer Schwerstpflegestation. Nebenbei arbeite ich ehrenamtlich bei der Aachener Hospizgruppe. Das Begleiten nach dem Tod ist in allen Bereichen völlig unterschiedlich. Während wir in der Klinik die Wünsche unserer Patienten meist kennen, werden wir als Hospizhelferinnen oft sehr spät gerufen und können nur versuchen, zusammen mit den Angehörigen das Richtige zu tun.

Auf der Palliativstation oder in der Onkologie war es für uns leichter. Die Patienten waren uns lange Zeit vorher bekannt und das Vertrauensverhältnis sehr groß. Dort sprachen die Patienten sehr offen mit uns über ihre Ängste und ihre Wünsche nach dem Tod. Das fällt vielen deutlich leichter, als mit der Familie zu sprechen. Zu groß ist die Angst, jemanden mit dem Thema zu verletzen oder zu überfordern, weil der Tod über Jahrzehnte einfach aus dem Leben ausgeklammert wurde.«

»Man muss die Verschiedenheit der Leute achten« Valerija Schmitz, Städtischer Bestattungsdienst Augsburg

»Ich bin jetzt seit 31 Jahren im Dienst. Wir hören oft, dass uns die Angehörigen vor allem deshalb rufen, weil in unserem Städtischen Bestattungsdienst nur Frauen arbeiten. Seit einigen Jahren beobachten wir den Trend, dass die Toten ein bisschen länger zu Hause gelassen werden. In Kliniken und Altenheimen ist das nicht so leicht möglich, dort heißt es nach dem Arztbesuch meist, wir brauchen den Platz, wir haben kein Zimmer mehr frei.

Ich komme immer zusammen mit einer Helferin zu den Menschen nach Hause. Ich bespreche mit ihnen die Formalitäten und biete ihnen an, den Verstorbenen gemeinsam zu waschen und anzuziehen. Aber die meisten wollen nicht dabei sein, sie haben Angst, dem Toten weh zu tun. Es gibt auch einige, die es nicht wagen, sich am offenen Sarg zu verabschieden. Sie sagen, ich träume dann davon. Manche übertragen ihre Ängste auch auf die Kinder, obwohl die viel natürlicher damit umgehen. Ich frage die Kinder oft selbst, ob sie die Oma oder den Onkel noch mal sehen wollen, und ob sie ihnen etwas malen oder ein kleines Geschenk in den Sarg legen wollen. Ansonsten ermuntere ich die Familie, die Lieblingskleidung des Verstorbenen, vielleicht in einer schönen Farbe, herauszusuchen. Das ist viel hübscher als so ein fester Anzug.

In jedem Fall sollte man die Verschiedenheit der Leute achten und sie nicht zu einer offenen Aufbahrung drängen. Jeder Tote ist anders und gerade krebskranke Menschen zerfallen nach dem Tod sehr schnell. Die Haut kann dünn wie Pergament sein und wird oft ganz blau. Wenn die Hinterbliebenen den Toten noch zu Hause behalten wollen, vereinbare ich mit ihnen, dass sie mich jederzeit rufen können, wenn es ihnen doch zu viel wird oder wenn ihnen der Geruch zu schaffen macht. Man muss ja nicht krampfhaft daran festhalten.«

»Totenfrauen als Gegenpol zu den Hebammen« Bettina Volk, Anthropologin, Kassel

»In alten Quellen tauchen immer wieder Totenfrauen auf. Sie waren für das Waschen und Herrichten der Leiche zuständig. Man sah sie als Spiegelbild zum Hebammenberuf. Die eine hilft den Menschen auf die Welt, die andere geleitet sie wieder hinaus. Natürlich gibt es heute nicht mehr so viele, aber ich habe für meine Forschungsarbeit doch mit 32 Frauen zwischen 30 und 70 Jahren sprechen können. Diese Toten- oder Leichenfrauen werden zum Teil von der Gemeinde bestellt oder arbeiten selbständig mit einem oder mehreren Bestattungsunternehmen zusammen. Sie richten die Toten her, waschen, kämmen, rasieren und kleiden sie. Zum Teil erledigen sie auch die Behördengänge. Sie sind auf unterschiedlichsten Wegen zu diesem Beruf gekommen, manchmal haben sie die Arbeit auch von ihren Müttern übernommen. Manche kümmern sich nur um Todesfälle zu Hause, andere arbeiten fest in einer Klinik. Viele von ihnen kommen aus der Altenpflege und haben Erfahrung und viel Geduld mit einem störrischen Körper. Viele behandeln die Toten, als wären sie noch lebendig. Sie sprechen mit ihnen und bitten die Angehörigen um deren eigene Seife, das eigene Handtuch. Mehrere Totenfrauen erklärten mir, dass ein toter Mensch noch Bedürfnisse habe, noch etwas fühle. Sie treten dem Verstorbenen ganz offen entgegen und scheinen mit ihm in einem Dialog zu stehen. So sagte eine etwa, ›ich fühle, dass Ihr Mann diese Kleidung gern anziehen würde‹. Die Totenfrauen lehnen das Schminken und jegliche Veränderung der Toten in der Regel ab und legen eher einen Verband, wenn es etwas zu verdecken gibt.«

»Abschied zu Hause statt im Kühlraum«
Fanny, 86 Jahre

»Mein Vater ist 1961 zu Haus gestorben. Erst hat ihn die Totenfrau aus dem Dorf zusammen mit meiner Mutter gewaschen und ihm ein weißes Nachthemd angezogen, dann haben wir das Bett ins Wohnzimmer getragen und aufgebockt. Weil Sommer war, hatten die Nachbarn schon große Stücke Eis besorgt, das dann von Laken verdeckt in einer Wanne unter dem Bett stand. Abends kamen die Verwandten und Nachbarn und hielten die Totenwache. Es wurde gebetet und über den Toten geredet. Nach drei Tagen war der Trauergottesdienst. Erst da hat der Schreiner den Sarg gebracht, meinen Vater hineingelegt und auf einem Anhänger in die Kirche gebracht. Nach der Trauermesse läutete die Totenglocke und wir gingen alle hinter dem Sarg her hinaus zum Friedhof.

Auf diese Weise sahen auch alle Dorfbewohner, wer den Toten auf dem letzten Weg begleitete. Als meine Mutter zwölf Jahre später starb, fand alles nur noch auf dem Friedhof statt.

Der Bestatter holte die Mutter gleich ab und bahrte sie im Kühlraum neben der neuen Friedhofskapelle auf. Wir bekamen einen Schlüssel und konnten zu ihr gehen. Da ist schon kein Nachbar mehr mitgekommen. Ich finde solche Räume ziemlich unangenehm. Dort ist es sehr kalt und es riecht ungewohnt süßlich. Außerdem ist oft auch die andere Kammer belegt, man hört andere weinen oder auch herumschimpfen, und manchmal sieht man auch die fremden Toten, wenn die Vorhänge nicht geschlossen sind.«

Was man für die Toten noch tun kann

Das letzte Hemd

Naturstoffe sollten es sein, die den Toten angezogen werden, heißt es in den Friedhofsverordnungen und das gilt auch für Krematorien. Die Wäsche, die von der Bestattungsindustrie angeboten wird, besitzt inzwischen auch ein entsprechendes Gütesiegel. Aber das Material der Hemden darf immer noch 30 Prozent Synthetik enthalten, was für die natürliche Verwesung der Toten nicht gerade förderlich ist.

Insgesamt herrscht bei heutigen Bestattungen ein liberaler Umgang mit der Kleidung. Sehr viele Menschen werden in ihren Lieblingsstücken verabschiedet, egal ob es sich dabei um eine Jogginghose, ein Kostüm oder einen Smoking handelt. Allerdings sollte man sich im Sinne des Umweltschutzes bei der Wahl wirklich für Naturmaterialien entscheiden. Es ist auch eine Überlegung wert, die alte Sitte der selbstgemachten Totenhemden wieder aufzugreifen – aus ästhetischen wie praktischen Gründen. Denn gerade bei der häufigen Kremierung ist eine zweite »Leichenschau« durch einen Arzt vorgeschrieben, für die – zumindest offiziell – der Verstorbene noch einmal komplett ausgezogen werden muss. Und wer das Anziehen eigener Kleidung allein den Bestattern überlässt, muss damit rechnen, dass sie den mitgebrachten Anzug oder Rock auf der hinteren Seite komplett aufschneiden, um den Toten die Teile leichter überstreifen zu können.

Inzwischen gibt es auch spezielle Anbieter für gut gestaltete Leichenhemden. Die Designerin Afra Banach aus Dortmund beispielsweise hat ihre Diplomarbeit über die Geschichte der Leichenhemden geschrieben und widmet sich seitdem der Herstellung ebenso schlichter wie schöner Gewänder für die letzte Reise eines Menschen. Es sind lange, locker fallende Hemden in cremefarbenen Naturtönen aus Wollfilz, Leinen oder Seide. Alle sind langärmlig, mit Sternen oder Blüten bestickt oder mit Symbolen oder Gedichtfragmenten bedruckt. Nach Absprache sind auch individuelle Stickereien und Drucke in verschiedenen Farben möglich. Afra Banach, Jahrgang 1969, denkt durchaus an ihre eigene Altersgruppe, wenn sie an ihrer Kollektion sitzt. »Ich möchte mit meiner Arbeit an den Brauch erinnern, sich sein Totenhemd zu Lebzeiten zuzulegen, um den Tod zu bedenken.«

Einen ähnlichen Ansatz hat die Niederländerin Henny Willems, die einmal von einem Nachbarn um die Anfertigung seines Totenhemdes gebeten wurde. Danach schuf die Künstlerin eine ganze Kollektion von Totenkleidern, Sargwäsche und Aufbahrtüchern, die in ausgewählten Bestattungsgeschäften erhältlich ist. Vor allem ihr »letztes Hemd mit Taschen« bekam während der Bestattungsausstellung »Dernier Cri« in Kassel große Aufmerksamkeit. Es ist eine Tunika mit vielen farblich abgesetzten, eingearbeiteten Taschen, in die die Angehörigen kleine Briefe, Fotos oder Andenken stecken können. Auch die mit Rosen bestickten großen Tücher, die über oder unter den Sarg gelegt werden können, enthalten ähnliche Ideen zur Teilhabe der Trauernden. An die Stickrosen können kleine Zettel mit Abschiedsgrüßen gehängt werden. »Sie können auch kleine Schnitte in den Stoff machen und echte Blumen hineinstecken.« In einem Faltblatt mit dem Titel »Trauertextilien selbst machen« präsentiert die Niederländerin ihre mit großer Leidenschaft entwickelten Ideen. Sie beschreibt ausführlich, wie auch Laien ohne jede Näherfahrung ein Hemd oder Tuch für sich selbst oder ihre Lieben herstellen können und liefert dazu einfache Schnittmuster. Die Umsetzung sieht Henny Willems ganz pragmatisch: »Da diese Textilien nur einmal gebraucht werden, muss nicht unbedingt perfekt gearbeitet werden. Das Ausfransen des Stoffes lässt sich schon mit einer Zickzackschere verhindern, und die Seiten können einfach gereiht statt fest vernäht werden.« Wichtiger ist ihr, dass ihre Ideen der Taschen oder des Bemalens aufgegriffen und für ein gemeinsames Ritual der Trauernden genutzt werden.

Totenmasken, Handabgüsse, Fingerprints

Totenmasken haben eine lange Tradition; sie wurden früher allerdings meist nur von reichen oder berühmten Verstorbenen angefertigt. Jene, die diese Kunst heute beherrschen, meinen, dass die Totenmasken häufig ganz entspannte und friedliche Gesichtszüge zeigen und sehr gut bei der Trauerarbeit helfen. Die Masken können aufgestellt, an die Wand gehängt oder gerahmt werden. Es gibt sie schlicht matt lackiert, farbig bearbeitet, vergoldet oder als Bronzeabguss.

Paul-Hermann Stöber aus Solingen etwa macht derartige Gesichtsmasken von aufgebahrten Verstorbenen und gibt seine Erfahrungen auch in Seminaren für Laien und Bestatter weiter. Der Fachmann benutzt bei seiner Arbeit eine spezielle Formmasse, die ähnlich wie eine Gesichtspackung aufgetragen wird. Nach dem Abbinden der Masse soll sie sich ohne Rückstände abziehen lassen. Er bietet auch die Herstellung von Fingerprints an, um einen Ring, Anhänger, Ohrstecker oder Manschettenknöpfe daraus herzustellen.

Frank Schöneberg aus Landau hat sich ebenfalls auf Masken, Fingerabdrücke und Handabgüsse spezialisiert. Man kann dabei zwischen den zwei verschiedenen Abformtechniken mit Silikon oder Gips wählen.

Der Bildhauer Holger Schmidt aus Bonn fertigt neben Masken aus Gips und Kunststoff auch solche aus Bronze an. Er hat u. a. die letzte Maske des Sängers Rio Reiser hergestellt.

Die Krankenschwester und Sterbebegleiterin Dorothea Suckow aus Neuss nimmt auf Wunsch der Angehörigen dem Verstorbenen ebenfalls die Totenmaske ab und bietet darüber hinaus an, dies gemeinsam zu tun, wobei Form und Aussehen der Maske frei gestaltet werden können.

Diese und eine ganze Reihe weiterer Anbieter, die in jeder Region zu finden sind, kommen auf Bestellung an jedes Totenbett zu Hause oder in der Klinik. Der Kontakt muss allerdings sehr rasch nach dem Tod eines Menschen hergestellt werden, am besten innerhalb der ersten beiden Tage. Es gibt auch einige Fachkräfte in Bestattungsunternehmen, die die Kunst des Masken-Abnehmens beherrschen. Man kann dort gegebenenfalls nachfragen.

(Weiterführende Webadressen für die hier genannten Anbieter sowie alle weiteren im Buch angesprochenen Unternehmen und Organisationen finden sich im Anhang. Der Hinweis auf einzelne Produkte soll dabei lediglich die Entwicklung neuer Angebote verdeutlichen. Die Autorin ist mit den genannten Anbietern in keinerlei Form verbunden.)

Bestattungsunternehmen und ihre Arbeit

»Wenn unsere Gesellschaft das Sterben zunehmend tabuisiert, wie gehen dann diejenigen damit um, die von Berufs wegen mit dem Tod zu tun haben?«, fragte sich Dr. Dagmar Hänel, Volkskundlerin an der Universität Bonn für ihre Doktorarbeit »Selbstbild und Selbstdarstellung von Bestattungsunternehmern«.

Sie bat Angestellte von 15 Bestattungsunternehmen darum, ihren Arbeitsalltag und einen typischen Bestattungsfall zu schildern – und förderte Erstaunliches zutage: »Nach den Interviews zu schließen, führen Bestatter den ganzen Tag über nur Beratungsgespräche und spenden den Hinterbliebenen Trost«, so Hänel. »Auf die eigentliche Bestattung kamen die Befragten von sich aus gar nicht zu sprechen.« Weil der Tod so sehr tabuisiert werde, seien die Bestatter ständig versucht, ihren Beruf positiv zu legitimieren.

Deutlich wird diese Haltung auf den Internetseiten mancher Firmen. Dort findet man überraschend viele Informationen zur Trauerverarbeitung oder über den Tod in anderen Kulturen und muss mitunter extra einen Flyer anklicken, um überhaupt etwas über die Bestattung und deren Kosten zu erfahren. Doch diese »Feel-good-Dienstleister« spiegeln nur einen Teil der Branche wider. Viele wollen den Trauernden immer noch in zackigem Ton weismachen, »der Bestatter muss unverzüglich benachrichtigt und die Leiche unverzüglich abgeholt werden«.

Bei rund 4000 Bestattungsunternehmen, die es in Deutschland gibt, könnte es bei etwa 800 000 Todesfällen im Jahr 200 Aufträge für jede Firma geben. In der Praxis aber haben viele weniger und einige sehr viel mehr Bestattungen. Auch sind viele am Ort verwurzelte kleine Bestatter längst von größeren aufgekauft worden. Dies wird häufig durch Beibehaltung des alten Namens verschleiert, um einen lokalen Bezug zu suggerieren. Zuletzt hat das norddeutsche Bestattungsunternehmen Ahorn-Grieneisen AG die im süddeutschen Raum sehr verbreitete Trauerhilfe Denk übernommen und steht nun mit rund 1200 Mitarbeitern, 250 Filialen und geschätzten 60 bis 65 Millionen Euro Umsatz (und fünf Prozent Marktanteil) an der Spitze. Wichtig zu wissen: Hinter dieser Firma steht wiederum die Berliner Versicherungsgruppe Ideal, für deren Sterbegeldversicherung natürlich in allen Geschäften massiv geworben wird.

80 Prozent der Bestattungsunternehmen gehören nach dessen Angaben dem Bundesverband Deutscher Bestatter e. V. (BDB) in Düsseldorf an (www.bestatter.de). Aber nur 1200 Betriebe, also etwa ein Drittel aller Firmen, dürfen das Markenzeichen des Verbandes tragen, weil sie für »qualifizierte Mitarbeiter, 24 Stunden Erreichbarkeit und transparente Preisgestaltung« garantieren. Hier sind viele organisiert, die ihren Job gut machen, aber gerade an den Spitzen dieser in zig Landesgruppen aufgeteilten Organisation begegnet man auch rückwärtsgewandten Positionen und einer unangenehmen Bevormundung.

Statt sich auf neue Formen der Bestattung einzulassen, werden Vorwürfe an den Verbraucher gerichtet, wie etwa von Peter Rink, dem Vorsitzenden des Bestatterverbandes Sachsen-Anhalt, der den Verfall der Bestattungskultur in der veränderten Gesellschaft beklagt und seinen potentiellen Kunden vorwirft, ihnen fehle der innere Zugang zu den alten religiösen Ritualen.

Etwas differenzierter tritt da das Kuratorium deutsche Bestattungskultur auf, ein Verein unter dem Dach des BDB, der Stipendien rund um das Thema Sepulkralkultur vergibt und unter dem Titel »musica et memoria« eine vielbeachtete CD-Sammlung mit »Trauermusik durch die Jahrhunderte« herausgegeben hat. Das Kuratorium richtet auch eine jährliche Tagung für die Verbandsmitglieder aus, die allerdings so stark von konservativen Pietisten dominiert wird, dass aufgeschlossene Fachleute wie der Leiter des Sepulkralmuseums[1] in Kassel, Dr. Reiner Sörries, zuletzt nicht mehr daran teilnahmen.

Eine liberalere Haltung vertritt der Verband Deutscher Bestattungsunternehmen (VDB) in Berlin (www.vdb-berlin.de). Dort ist man nach eigenen Angaben offen für »neue und ungewohnte Formen der Bestattung« und bietet Mithilfe bei der Trauerarbeit. Inzwischen gibt es auch eine Reihe meist jüngerer Kollegen, darunter sehr viele Frauen, die ihre eigenen Netzwerke betreiben. So verspricht etwa eine Gruppe »kollegial kooperierender Bestatter« auf ihrer Seite www.bestatternetz.de, »die aktive Mitwirkung Angehöriger beim Verabschiedungsprozess zwischen Tod und Bestattung« zu fördern. Andere haben sich zum Verband unabhängiger Bestatter zusammengeschlossen, weil sie die »Allmacht der Konzerne« in der Branche nicht unterstützen möchten (www.bestatterverband.de). Auch bei ihnen heißt es offiziell: »Mitwirkung erwünscht!« Eine eigene Rolle spielen die kommunalen Bestattungsunternehmen, die es heute fast nur noch in den großen Städten gibt. Ihre Leistungen gelten als preiswerter, so dass es sich lohnt, ihr Angebot mit der privaten Konkurrenz vor Ort zu vergleichen.

Allen gemeinsam ist, dass sie in jüngster Zeit verstärkt um ihren Ruf kämpfen müssen. Immer wieder gibt es kritische Medienberichte. Zwei Bücher haben sich zudem mit den schwarzen Schafen der Bestattungsbranche beschäftigt: »Die Bestattungsmafia« und »Todsichere Geschäfte«. Zentrale Vorwürfe sind die häufige finanzielle Abzocke und der lieblose, mitunter sogar menschenverachtende Umgang mit der Leiche und das in einer oft schmuddligen Umgebung. Schwachpunkte des Gewerbes seien eine undurchsichtige Preisgestaltung und mangelnde Verlässlichkeit, was die ursprünglich genannten

1 Sepulkralkultur umfasst die Kultur des Todes und Bestattens. Das deutschlandweit einmalige Museum für Sepulkralkultur widmet sich den Themen Sterben, Tod und Gedenken. Sein Ziel ist es, Kontinuität und Wandel im Umgang mit den letzten Dingen zu veranschaulichen.

Kosten betrifft. Schon 1996 hatte die Stiftung Warentest durch Nachfragen bei 60 Bestattungsunternehmen Preisunterschiede von bis zu 500 Prozent für vergleichbare Leistungen festgestellt. 2004 folgte eine neue Untersuchung mit dem vernichtenden Urteil: »Unser Test trägt nicht zur Entlastung der Branche bei.« Beim Thema Kostentransparenz kam kein Unternehmen besser als »befriedigend« weg, Branchenführer Ahorn-Grieneisen und die Firma EFS-Bestattungen bekamen sogar »mangelhaft« (Test-Sonderheft »Bestattung«).

Kritikpunkt ist auch, dass man ohne jede Qualifikation in den Beruf einsteigen könne, dazu sei nicht mehr als ein Gewerbeschein nötig. In dieser Hinsicht aber hat sich in den letzten Jahren einiges getan. Der Bundesverband Deutscher Bestatter hat 2003 in Münnerstadt/Franken eine überbetriebliche Ausbildungsstätte für »Bestattungsfachkräfte« eingerichtet. Weil man den »Meister«-Titel nicht benutzen durfte, prägte man den Begriff des »Funeral-Masters«, wofür es gleich die Negativ-Auszeichnung »Sprachpanscher des Jahres« gab. Der Verband Deutscher Bestattungsunternehmen bietet zusammen mit der Industrie- und Handelskammer eine eigene berufsbegleitende Weiterbildung zum »Bestattungsfachwirt« an. Die Hälfte aller Ausbildungsplätze wird inzwischen von Frauen eingenommen.

Es gibt auch engagierte Pioniere der Branche, wie etwa Fritz Roth vom Trauerhaus Pütz-Roth in Bergisch-Gladbach, der sich seit Jahren um eine Verbesserung der Bestattungskultur bemüht und dank der neuen Gesetze in Nordrhein-Westfalen mit den »Gärten der Bestattung« den ersten privaten Friedhof betreibt. Er leistet Basisarbeit, schleust Schulklassen, Seniorengruppen und Manager durch seine vorbildlich eingerichteten Trauerräume und lädt regelmäßig Fachleute, die sich mit Tod und Trauer beschäftigen, in seinen Vortragssaal ein.

Die meisten Kollegen aber sind nach Meinung der Berliner Bestatterin Claudia Marschner noch weit von einer solchen Offenheit entfernt. In vielen Geschäften treffe man nach wie vor auf »verstaubte Gardinen und eine olle Primel«.

Um dem insgesamt schlechten Image der Branche zu begegnen, schaltet der Bundesverband Deutscher Bestatter nicht nur Werbespots im Fernsehen, sondern gründete mit Etos TV sogar einen eigenen Fernsehsender, der über Satellit und Internet zu empfangen ist. Bestattungskultur, Dokumentationen über Friedhöfe und Fragen der Vorsorge stehen als Themen im Vordergrund. Einnahmen verspricht man sich von Werbesendungen und vor allem von persönlichen Nachrufen, die von Angehörigen in Auftrag gegeben werden können. Die kleinen Erinnerungsfilme sollen 2000 Euro kosten und rund 60 Mal ausgestrahlt werden.

Was zum Leistungsspektrum der Bestattungsunternehmen gehört

Zu den Eigenleistungen eines Bestatters gehören vor allem Sarg und Sargausstattung, ggf. eine Urne, die Versorgung des Toten im Sinne von Waschen, Ankleiden und Einbetten, die Überführung des Sarges in die eigenen Aufbahrungshallen oder Kühlräume bzw. in die entsprechenden Räume eines Friedhofs oder Krematoriums. Darüber hinaus wird meist angeboten, mit den Behörden abzurechnen, die Trauerhalle zu schmücken und die gesamte Trauerfeier zu organisieren. Das alles könnte man auch selbst übernehmen.

Anmaßend ist es, wenn der Bundesverband Deutscher Bestatter auf seiner Internetseite schreibt, bestimmte Formalitäten »sollten *grundsätzlich* dem Bestattungsunternehmen übertragen werden«. Auf der dann folgenden Liste stehen u. a. die Bestellung von Kränzen und Handsträußen, der Druck der Trauerbriefe, die Aufgabe der Todesanzeige und die Organisation des Trauerkaffees. Diese Fremdleistungen kann man dem Bestatter übertragen, wenn man möglichst wenig selbst organisieren möchte, aber sie gehören keineswegs *grundsätzlich* zu seiner Tätigkeit. Die Preise dafür sind beim Bestatter zudem meist höher, da er mit einem festen Stamm von Floristen, Druckereien und Cafés zusammenarbeitet – und, wie die Stiftung

Warentest herausfand, dafür Provisionen zwischen fünf und 30 Prozent erhält.

Grundsätzlich solle man auch die Abrechnung mit Renten- und Lebensversicherungen dem Bestatter überlassen, heißt es. Solche sensiblen Daten eines Verstorbenen möchten viele Angehörige aber vielleicht gar nicht aus der Hand geben. Wer in einem Todesfall möglichst viel selbst erledigt, spart erheblich an Kosten. Zum Transport des Verstorbenen (zum Krematorium oder in die Kühlräume eines Friedhofs, evtl. auch von zu Hause aus gleich zur Trauerfeier) muss zwar – außer in Nordrhein-Westfalen – ein amtlich zugelassener Leichenwagen benutzt werden, aber auch den kann man selbst bestellen. Und wer keine Standard-Bestattung haben möchte, wird auch das Gespräch mit Pfarrern, Grabrednern und Friedhofsverwaltern selbst führen wollen, um die Art der Ansprache und die Grabstelle festzulegen. Schließlich soll die Abschiedsfeier und das anschließende Kaffeetrinken in einer Umgebung stattfinden, die dem Verstorbenen angemessen ist. Man kann ja trotzdem auf Angebote des Bestattungsunternehmens eingehen, falls die angebotenen Räumlichkeiten ästhetisch und finanziell überzeugen.

Bestatter und ihre Subunternehmen
Erfahrungen der Studentin Melanie, 26 Jahre*

»Ich bin Studentin und arbeite im Nebenjob bei einem Bestattungs-Fuhrunternehmen in einer deutschen Großstadt. Um 17 Uhr klappen hier die meisten Bestatter ihre Bücher zu und schalten auf unser Telefon um. Dann beginnt meine Arbeit. Wer auch immer nun die Nummer eines dieser Bestatter anruft, landet bei mir. Meist sind es Altenheime oder Kliniken, öfter auch die Kripo und zu einem Viertel auch die Angehörigen eines Verstorbenen. Die meisten merken gar nicht, dass sie es mit einem Subunternehmen zu tun haben. Schon tagsüber nehmen wir den Bestattern die meiste Arbeit ab. Viele regeln die Bestattung nur vom Schreibtisch einer Filiale aus und organisieren die Abläufe. Die werden mit der Leiche, von der sie leben, überhaupt nicht mehr konfrontiert. Wir Dienstleister übernehmen die gesamte Logistik, stellen die Fahrer, die Leichenwagen und unsere eigenen Kühlräume zur Verfügung. Wenn ein Anruf kommt, organisiere ich den Transport des Toten, damit er auf schnellstem Wege ins Kühlhaus »verbracht« wird, wie das bei uns heißt. Weder Bestatter noch die Fuhrunternehmen sind daran interessiert, dass ein Toter länger zu Hause oder in einem Heim bleibt, denn jede Stunde in der Kühlung bringt Geld. Außerdem wird es sehr geschätzt, die Toten gleich in den Nachtstunden abzuholen, denn dafür können wir den Angehörigen sehr lukrative Nachtzuschläge berechnen. Warum also sollte einer die Idee unterstützen, den Toten vielleicht noch bis zum Morgen bei sich zu behalten?

Ich habe mir schon oft überlegt, wofür man überhaupt einen Bestatter braucht. Die Angehörigen könnten doch ohne weiteres alles selbst organisieren. Nur ein zugelassenes Fuhrunternehmen wie unseres wäre dazu nötig, um den Toten im vorgeschriebenen Leichenwagen zu transportieren. Aber wie ich erfahren habe, dürfen zumindest wir nicht ohne Bestatter tätig werden, das wurde wohl in den Kooperationsverträgen gleich mal ausgeschlossen.«

Tipps für den Umgang mit Bestattungsunternehmen

Lassen Sie sich nicht einfach vom Pflegepersonal zu einem bestimmten Bestattungsunternehmen überreden. Es könnte ein guter Tipp sein, oft aber hat der Bestatter dort zuvor auch nur mit Charme und ein paar netten Geschenken für sein Haus geworben. Leichenprämie wird so etwas genannt. Immer wieder versuchen auch Bestatter, Exklusivverträge mit Kliniken und Altenheimen abzuschließen. Fakt aber ist: Sie müssen in keinem Fall mit einem Bestatter zusammenarbeiten, der von dritter Seite bestellt wurde. Fragen Sie frühzeitig im Bekanntenkreis herum und studieren Sie Broschüren und Internetauftritte einzelner Anbieter.

Vorsichtig sollten Sie sein, wenn man Sie bedrängen will und Wörter wie »unverzüglich«, »umgehend« oder »grundsätzlich« auftauchen. Es gibt kein »unverzüglich« nach dem Tod eines Menschen, weder für den Arztanruf noch für die Aktivitäten eines Bestatters.

Achten Sie auf verräterische Formulierungen. Wenn es zum Beispiel heißt, »nachdem Sie Kontakt zu uns aufgenommen haben, werden wir den Verstorbenen in unsere Räume überführen«, wird der Eindruck erweckt, ein Aufbahren müsse beim Bestatter stattfinden. Doch es gibt etliche Alternativen.

Wenn Sie keine offene Aufbahrung wünschen und das Herrichten des Verstorbenen dem Bestatter überlassen, könnten Sie betonen, dass Sie zum Abschied vielleicht noch einmal den Sarg öffnen lassen möchten. Dann werden die Mitarbeiter Ihren Toten hoffentlich sorgsam betten.

Die Preise für Erd- oder Urnenbestattungen liegen je nach Gegend, Bestatter und Anspruch zwischen 2000 und 5000 Euro. Darin sind noch keine Friedhofsgebühren enthalten. Lassen Sie sich nicht auf eine Pauschale ein, wenn das angebotene Paket nicht durchschaubar ist. Bestehen Sie auf einem schriftlichen Kostenvoranschlag mit der Auflistung aller Einzelleistungen und ihrer Preise. So viel Zeit muss sein.

Schauen Sie sich nach Bestattungsunternehmen um, deren Angebote transparent sind und die auf ihren Webseiten hilfreiche Informationen anbieten. Manche leisten inzwischen vorbildliche Arbeit, nennen die jeweiligen Friedhofssatzungen und -gebühren, die Kosten des Krematoriums und der Kommune und machen mit einem »Bestattungsrechner« einen ungefähren Preisüberblick möglich. »Bei einer Beerdigung nach dem Preis zu fragen ist nicht pietätlos, sondern vernünftig«, heißt es völlig zu Recht beispielsweise bei Eco-Bestattungen in Aachen, einem Unternehmen mit vorbildlicher Internetpräsenz und Links zu TEST-Ergebnissen und allen Friedhofssatzungen und -gebühren im Aachener Raum. Ähnliches findet sich inzwischen in den meisten Regionen Deutschlands.

Bestattungs-Discounter

Ein heißes Thema in Bestatterkreisen und den Medien sind die sogenannten Billigbestattungen, die seit einigen Jahren zunehmend angeboten werden und vor allem in Berlin nach dem Motto »Geld zurück, wenn ein Konkurrent die gleiche Leistung günstiger anbietet«, für regelrechte Kampfpreise sorgen. Da solche Offerten häufig mit einer Überführung des Leichnams in ein ausländisches Krematorium und der dortigen Bestattung verbunden sind, entstand das Schlagwort vom »Leichentourismus«. Kritisiert wird sowohl der Transport über weite Entfernungen als auch die Praxis der gleichzeitigen Überführung mehrerer Verstorbener. »Das ist mit den Grundsätzen eines pietätvollen Umgangs mit Verstorbenen nicht zu vereinen« und »widerspricht dem sittlichen Empfinden weiter Bevölkerungskreise«, sagen die Bestatterverbände. Der Zug aber ist längst abgefahren. Fachleute gehen davon aus, dass sich Bestattungs-Discounter in unserer Gesellschaft genauso etablieren werden wie Lebensmittel-Discounter.

Eine Billigbestattung in Auftrag zu geben, heißt vor allem aufpassen. Was genau ist damit abgegolten? Was versteckt sich hinter Begriffen wie Öko- oder Verbrennungssarg, welche Formalitäten sind gemeint? Was wird nicht erwähnt oder taucht plötzlich in einem Extra-Paket auf? So enthält etwa das günstigste Angebot des Berolina Bestattungsinstituts von Hartmut Woite, der als erster in den Billigmarkt einstieg, für 525 Euro folgende Leistungen: Kremierung und anonyme Beisetzung in Tschechien (»kann gegen Aufpreis auch in Berlin oder Brandenburg erfolgen«), Beratung, Ökosarg, Hemd, Decke, Einkleidung, Formalitäten, eine Sterbeurkunde. Was fehlt, gibt es zum Teil im »Komplettangebot« für 888 Euro: Aschenkapsel, Kremierungs- und Friedhofsgebühr in Tschechien. Auf Wunsch wird für weitere 40 Euro ein wenig Asche abgezweigt und den Angehörigen in einer Mini-Urne überreicht. Die Konkurrenten versuchen es noch billiger. Bei ihnen gibt es eine anonyme Feuerbestattung mit einfachem Verbrennungssarg für 495 Euro. Der Bestatter bestimmt das Krematorium und übernimmt die

»Terminierung der Beisetzung sowie den Versand der Urne zum zuständigen Friedhof in Berlin«. Die Friedhofskosten und jede Art von Abschiedsfeier sind in dem bundesweit angebotenen Preis (zuzüglich 57 Cent pro Kilometer) nicht enthalten. Ein Billigbestatter mit neun Filialen in Berlin macht es anders. Hier kostet die anonyme Feuerbestattung ohne Feier in einem »von uns vorgegebenen Krematorium und Friedhof innerhalb Deutschlands« inkl. der dafür anfallenden Gebühren 985 Euro. Zusätzliche »Betreuung« kostet 201 Euro mehr, Fernüberführung ab Berlin 59 Cent pro Kilometer.

Nachdem Branchenführer Ahorn-Grieneisen lange gegen diese Entwicklung gewettert hatte, bietet sein Besitzer, die Ideal-Versicherung, inzwischen übers Internet selbst bundesweite Billigbestattungen mit einfachstem Sarg und anonymer Beisetzung ohne Feier für 599 Euro an. Wer das Ganze über das Internet abwickelt und keine Fragen stellt, bekommt 25 Euro Rabatt. Im Kleingedruckten erfährt man, was noch hinzugerechnet werden muss: »Zuzüglich öffentlicher Gebühren und Kosten für Friedhof, Grab, Beisetzung, Sterbeurkunden, Kühlungskosten und ggf. Krematorium. Das Angebot von Volksbestattung enthält keine Beratungsdienstleistungen. Bei Feuerbestattungen kommen Kremierungsgebühren sowie ggf. zusätzliche Überführungskosten zum Krematorium hinzu.«

Die genannten Unternehmen sind nur beispielhaft aufgeführt. Allen, die sich für eine Billigbestattung interessieren, sei zu empfehlen, verschiedene Angebote vor Ort genau zu vergleichen. Man sollte die meist nur im Internet erhältlichen Informationen genau durchlesen und die billigsten Offerten mit dem jeweils höheren »Bestattungspaket« oder »Komplett-Angebot« vergleichen. Erst da tauchen all die Leistungen auf, die sonst noch zusätzlich zu zahlen wären oder selbst organisiert werden müssten. Dazu gehört meist auch die anfängliche Aufbahrung und Kühlung des Verstorbenen und jede Art von Abschiedsfeier mit Gebühren, Blumen, Kerzen und Musik.

Bei der Tagung »Verarmt, verscharrt, vergessen?«, ausgerichtet vom Kuratorium Deutsche Bestattungskultur e. V. 2007 in München, wurde heftig über Billigbestattungen und ihre Abläufe gestritten. »Sammeltransporte sollten verboten werden«, meinte ein Bestatter, »Entsorgungsfabrik« rief ein anderer, der dritte schimpfte: »Das ist volkswirtschaftlich ein Desaster, ins Ausland zu gehen, wenn die Berliner Krematorien nicht ausgelastet sind.« Der umstrittene Bestatter Hartmut Woite rechtfertigte sich: »Was ist schlimm daran, mehrere Leichen gleichzeitig zu transportieren?« Seine Firma benutze eigens für diesen Zweck zugelassene »Lkws für vier Särge und Langsprinter für acht Särge«. Und überhaupt: Andere Bestatter führen doch auch ins Umland von Berlin zu anderen Krematorien, weil die billiger wären oder schneller arbeiteten. »Ist das ein qualitativer Unterschied zwischen 50 und 200 Kilometern?«, sprang ihm Dr. Hartmut Kreß bei, Professor für Sozialethik an der Universität Bonn. Der Discounter weiter: »Wissen Sie überhaupt, dass 95 Prozent der Verstorbenen, die wir übernehmen, in Tschechien nur verbrannt werden und dann wieder nach Berlin zurückkehren?« Das mochten nicht alle glauben. »Werteverfall der Gesellschaft«, »Bestatten in fremder Erde, ein Irrweg«, hieß es. Da machte sich der Sozialethiker Luft: »Ich bin allergisch gegen den Begriff Werteverfall und bitte um Entdramatisierung der Debatte.«

»Wir sehen uns als Wegbegleiter«
Florian Rauch, Trauerhaus Aetas, München

Aus einer kleinen Gartenvilla, 1910 von den Großeltern gebaut, wurde das Trauerhaus Aetas mit Besprechungszimmern für Angehörige und verschieden großen Trauerräumen für den Abschied. Florian Rauch und seine Mitarbeiterinnen sehen sich als Wegbegleiter, konzentrieren sich auf die intensive Betreuung der Trauernden und ermuntern alle, sich mit einem ausführlichen Abschiedsritual von ihren Toten zu verabschieden. Aetas begleitet die Trauernden auf dem Friedhof oder im Krematorium bis zum Schluss.

Die Münchner Firma gehört zu den Kleinen der Branche und arbeitet vor allem auf Empfehlung. Das Unternehmen bestattet Menschen jeden Alters, ist aber auch auf den Abschied von Kindern und Menschen, die Suizid begangen haben, spezialisiert. Das hat sich inzwischen herumgesprochen. »Wenn wir angerufen werden, fragen wir nach, wer gestorben ist und auf welche Weise, um den Angehörigen die richtige, eigens dafür geschulte Trauerbegleiterin zur Seite zu stellen«, sagt Florian Rauch und erläutert das Konzept von Aetas: »Wir haben die Erfahrung gemacht, dass Kliniken räumlich meist sehr schlecht ausgestattet sind, erst recht für die Verabschiedung eines Toten. So informieren wir die Trauernden im geschützten Rahmen unseres Hauses, während der Verstorbene zu uns überführt und nicht am Friedhof »hinterstellt« wird, wie das häufig der Fall ist. Das sogenannte Verkaufsgespräch, das bei anderen Bestattern schon mal 90 Minuten dauern kann, geht bei uns am schnellsten. Wir haben drei schlichte Särge aus Kiefer, Pappel oder Erle zur Auswahl. Schmuckurnen verkaufen wir nur auf Wunsch. Stattdessen ermuntern wir die Trauernden, bei der Einkleidung des Verstorbenen zu helfen und dazu eigene Kleidung mitzubringen. Auch das ist ein Stück Trauerarbeit, zu Hause an den Schrank zu treten, die Kleider durchzuschauen und sich zu erinnern, wann man den Toten zuletzt darin gesehen hat. Man kann jegliche Kleidung aus Naturfasern verwenden. Nur Schuhe sind nicht erlaubt, aber schöne warme Socken. Hilfreich ist auch, wenn die Angehörigen zu Hause ein Bild oder einen Spruch heraussuchen und versuchen, ein Sterbebild selbst zu gestalten. Dabei können sie weinen, sich erinnern und vielleicht mit anderen über den Toten sprechen.«

Für den Abschied stehen ein kleiner und ein großer Trauerraum im Nebengebäude zur Verfügung. Die Räume sind neutral und freundlich mit Korbstühlen und hellblauen Kissen ausgestattet, der Verstorbene liegt in einem abgetrennten Raum daneben. »Zunächst geht oft nur der nächste Angehörige zu ihm hinein, um sich zu verabschieden, dann entwickelt sich das meist von allein, die Zwischentür bleibt offen und die Menschen wandeln zwischen den Räumen hin und her. Wir drängen die Menschen nicht zu einer schnellen Bestattung. Normalerweise sollte sie innerhalb von 96 Stunden stattfinden, gegen eine städtische Gebühr aber kann die Zeit verlängert werden. Bei uns sind die Bestattungen fast alle später, und damit ist auch der Zeitdruck für die Menschen weg«, berichtet Florian Rauch.

Um auch die Abschiedsfeier ohne jeden Zeitdruck gestalten zu können, rät er den Trauernden, sich eine Doppelzeit von einer Stunde zu nehmen, auch wenn die Stadt dafür noch mal 49 bis 79 Euro verlangt. Er macht zudem auf einen sonderbaren Brauch aufmerksam, der vor allem in den Städten angewandt wird: »Viele Trauernde hoffen, dass sie für die Abschiedsfeier einen späteren Termin am Tag bekommen, da Verwandte oft erst anreisen müssen. Doch die Bestattungsbeamten füllen den Tag grundsätzlich nur von morgens an. Wenn also um 9 Uhr noch keine Trauerfeier vergeben ist, bekommt man etwa einen 11-Uhr-Termin nur, wenn man die zwei Stunden davor blockt und viermal Gebühren zahlt.« Solche Gepflogenheiten sollte man nicht mehr einfach hinnehmen.

»Die Würde des Toten ist uns am wichtigsten« Mobile Bestatterinnen – »Die Barke«, Schwäbisch Hall

Wenn Sie irgendwo auf der Autobahn einem VW-Bus in einer ungewöhnlich dunkelroten Farbe begegnen, kann es sein, dass Ajana Holz und Merle von Bredow gerade auf dem Weg zur Versorgung eines Verstorbenen sind. Ihnen gehört »Die Barke – Bestattung und Begleitung in Frauenhänden, mobil und bundesweit«. Tatsächlich übernehmen diese Bestatterinnen aus Schwäbisch Hall Aufträge im gesamten Land und sind nach langjähriger Erfahrung entsprechend findig. »Wenn der Tote zu Hause gestorben ist, wartet man auf uns. Wenn man ihn nach Hause holen möchte, bringen wir ihn hin. Sonst besprechen wir möglichst schon vor der Abfahrt mit den Angehörigen und den Einrichtungen, welcher Raum sich zum

Abschiednehmen eignet. Es gibt in fast allen Krankenhäusern entsprechende Räume. Die meisten wissen nur nichts davon und manche Klinikmitarbeiter haben kein Interesse daran, sie anzubieten.«

Ajana Holz hat sich nach eigenen leidvollen Erfahrungen 1995 entschlossen, die alte Tradition der Leichenwäscherinnen und Totenfrauen wieder aufzugreifen und mit einer Partnerin ein komplett »weibliches« Bestattungsunternehmen aufzubauen. »Der Umgang mit den Toten ist in der Regel derart lieblos oder sogar brutal, dass das Ganze eher einer Müllentsorgung gleichkommt«, sagt sie und fühlt sich durch viele Erzählungen und Anrufe in dieser Ansicht bestätigt. Die Mitarbeiterinnen der Barke sind der Meinung, dass alle Tage bis zum Begräbnis gleichermaßen zum »Übergang« eines Menschen gehören und es nicht nur auf die ersten Stunden ankomme. »Wir treffen aber meist innerhalb des ersten Tages am Totenbett ein und kümmern uns um die Versorgung.«

Immer würden sie den Angehörigen anbieten, bei diesem Ritual mitzumachen, nur bei Unfällen sei es manchmal notwendig, eine Erstversorgung vorzunehmen. »Die Würde der Toten ist uns am wichtigsten. Wir behandeln sie so, wie man Lebende behandeln sollte. Wir achten ihre Verletzlichkeit und Scham, bedecken ihren Körper beim Waschen, befreien sie von möglichen Windeln und ziehen ihnen ganz normale Wäsche an.«

Ein Informationsblatt der Barke macht deutlich, was die Bestatterinnen alles nicht tun, wenn es nicht eigens gewünscht wird: Körperöffnungen werden nicht ausgestopft, der Unterkiefer nicht hochgebunden, die Lippen und Augen nicht mit Sekundenkleber verschlossen. Es werden keine chemischen Geruchsumwandler und Formaldehyd zur Konservierung verwendet. »Es gibt andere Möglichkeiten der würdevollen Versorgung. Wenn wir die Toten liebevoll behandeln, wenn wir ihren Körper vielleicht noch gemeinsam einölen, dann wird auch der Mensch wieder sichtbar.«

Wenn es irgendwie machbar ist, bemühen sich die Bestatterinnen um eine Hausaufbahrung. »Das Zuhause ist einfach ein geschützter Ort für einen Toten. Aber wenn der Platz nicht gegeben ist, finden wir andere Lösungen. Wichtig sind uns in jedem Fall ein behutsamer Umgang mit dem Toten und ein sanfter Transport. Wir wissen von vielen traumatischen Erfahrungen Trauernder, die erleben mussten, wie ihr Angehöriger in einem Plastiksack oder auch hochkant im Sarg die Treppen herunter getragen wurde.«

Wenn die Bestatterinnen auf Wunsch auch die Trauerfeier gestalten und vielleicht eine Rede halten sollen, bleiben die beiden vor Ort oder kommen noch ein zweites Mal wieder. »Abschiede gestalten sich immer dann sehr schön, wenn die Angehörigen und Freunde aktiv mitmachen, wenn sie vielleicht den Sarg anmalen, etwas singen, musizieren, ein Gedicht vortragen.« Damit das gelingt, guckt sich Ajana Holz die äußeren Gegebenheiten genau an. »Manche Räume sind viel zu klein, zu hässlich oder stehen halb offen. Es ist auch unglaublich, wie ungepflegt viele Trauerhallen auf den Friedhöfen sind. Die sind so verwahrlost, dass wir manchmal erst putzen oder uns gleich nach anderen Räumlichkeiten umschauen müssen.« Das könne auch eine schöne Aula oder ein Gemeindesaal sein. »Oft kennen sich die Angehörigen vor Ort gut aus und haben sich schon einen würdigen Platz überlegt.« Ärgerlich sei bei städtischen Einrichtungen die oft fehlende Anerkennung anderer Lebensweisen und die entsprechende Dominanz christlicher Symbole. »Die meisten Menschen, die uns rufen, wünschen zwar eine christliche Trauerfeier, aber für Anders- oder Nichtgläubige ist es oft schwierig, Trauerorte ohne fest installierte Kreuze zu finden. Da bemühen wir uns dann, die Symbolik zu verhüllen.«

Ajana Holz resümiert ihre Arbeit so: »Ich will andere begleiten auf ihrem Weg hinaus und dafür sorgen, dass der Weg frei und leicht zu begehen ist.«

»Den Abschied frei gestalten« Ronald de Schutter, Thanatologe und Bestatter, Kaiserslautern

Ronald de Schutter hatte 1986 gerade mit dem Studium der Betriebswirtschaft begonnen, als sein Vater starb. Da die Familie seit Generationen im Bestattungsgewerbe tätig war, hieß das für den 19-Jährigen, Studium abbrechen und in die Firma einsteigen. Später studierte er nebenbei noch Psychologie und Philosophie und machte als einer der ersten in Deutschland eine Ausbildung zum Thanatologen (Todeskundler). Viel habe er in den ersten Jahren von den Amerikanern im Truppenstützpunkt Rammstein gelernt, erzählt de Schutter. Dort würden tote Soldaten so wiederhergestellt und einbalsamiert, dass sie auch nach dem Flug in die USA noch von ihren Angehörigen angeschaut und verabschiedet werden könnten. »Ich war fasziniert von den Möglichkeiten dieses Herrichtens und bildete mich in England, Belgien und Frankreich weiter. Bestatten konnte ich ja inzwischen, aber es gibt ja so viel mehr, was man im Umgang mit einer Leiche wissen sollte.«

Viele, die mit Sterbenden und Toten umgingen, hätten leider wenig Ahnung davon, am ehesten verstünden seiner Erfahrung nach Krankenschwestern oder Altenpfleger aus dem ehemaligen Ostblock und der DDR etwas von dieser Arbeit. »Wenn ich in ein Krankenhaus oder Heim gerufen werde, heißt es oft, das hat die Schwester schon mitgemacht. Wenn der Tote schon angekleidet wurde, müssen wir ihn in unseren Räumen oft wieder ausziehen. Man muss einfach wissen, dass der Körper des Menschen noch nicht tot ist. Das ist eine biochemische Fabrik, die Gase produziert, in der es gärt. Die Schließmuskel entspannen sich, der Körper entleert sich.«

De Schutter empfiehlt Laien zur Erstversorgung, den Kopf des Toten höher zu betten, damit nicht zu viel Blut hineinläuft. Dann könne man ihm eine Schicht Tücher oder eine Windel umlegen, ihm ein leichtes Hemd anziehen und ihn mit einem Laken zudecken. »Der Körper muss abkühlen können. Deshalb ist es ganz falsch, den Verstorbenen mit einer dicken

Decke einzuhüllen, damit er nicht friert, wie es oft heißt. Der Körper kühlt ohnehin nur ein Grad pro Stunde ab.«

Erfahrene Bestatter hätten einen Blick für die Toten, schauten den Körper an, fragten, woran der Mensch gestorben sei, welche Medikamente er bekommen habe. »Früher sind die Menschen dahingesiecht, heute werden sie künstlich ernährt, sind voller Medikamente und Wasser, wenn sie sterben. Das macht einen völlig anderen Umgang mit den Toten notwendig. Der Prozess ist je nach Vorgeschichte bei jedem Menschen anders. Manche verwesen innerhalb von Stunden, die Haut wird grün und blau und löst sich bereits ab. Andere verändern sich zunächst kaum, aber irgendwann kommt der Zeitpunkt, dann weiß ich, jetzt ist es wirklich nur noch ein Leichnam.« Je nach Zustand könne die Versorgung nur in den Räumen des Bestatters oder einer ähnlichen Einrichtung erfolgen, »dann brauchen wir viel fließendes Wasser«.

Dennoch ist de Schutter, der auch als Trauerredner arbeitet, ein Verfechter der offenen Aufbahrung zu Hause. Er gehört zum kleinen Kreis von Bestattern, die schon auf ihrer Homepage darauf hinweisen, dass man einen Verstorbenen mindestens 36 Stunden zu Hause aufbahren kann. »Ich sage den Leuten immer, lassen Sie es uns versuchen. Das kann man ja ganz flexibel gestalten. Meine Erfahrung ist, dass ich dann schon angerufen werde, wenn es Probleme gibt, wenn Veränderungen auftreten oder Gerüche zu stark werden. Dann überführe ich den Toten in unsere Trauerräume. Dort können sich die Angehörigen später immer noch in Ruhe von ihrem Verstorbenen verabschieden.«

Solange es nur um das Dreieck Bestatter, Verstorbene und Angehörige geht, glaubt Ronald de Schutter alles zufriedenstellend regeln zu können. Wenig erbaut aber ist er von der Zusammenarbeit mit so manchen Behörden, Kirchen und Friedhofsverwaltungen. »Inzwischen dauert es oft zehn bis zwölf Tage bis zur Beerdigung, obwohl das nach dem Gesetz innerhalb einer Woche passieren sollte. Ab Freitagmittag aber geht nichts mehr, samstags, sonntags ohnehin nicht, montags treten die Pastoren ungern an. Es bleiben also nur ganz wenige

Bestattungstage. Das ist unschön für alle, denn dann gibt es drei, vier Bestattungen in kurzer Abfolge und Stress für alle Beteiligten. An anderen Tagen ist dann gar nichts zu tun.« Gleichzeitig gebe es so viele Vorschriften, dass bei einem seriösen Bestatter ständig die rote Lampe angehe: Verstößt dies oder das gegen die Gesetze? Wie ist die Satzung nun wieder auf diesem Friedhof? Wie sind die Gebühren? Brauche ich dafür eine Genehmigung? »Wir fühlen uns oft wie der verlängerte Arm der Kommune, und wenn wir mal einen Vorstoß machen, heißt es, ›Sie haben Wünsche? Wir haben Gesetze!‹«

Gerade habe er einen solch absurden Fall erlebt, bei dem eine Familie ihr zu früh geborenes totes Baby für den Abschied in einem Sarg in den Räumen ihrer Freikirche aufbahren wollte. »Der zuständige Sachbearbeiter der Behörde hat ihnen das strikt verboten. Das verstoße gegen die Gesetze. ›Wir holen den Sarg eigenhändig aus der Kirche raus, wenn Sie es trotzdem machen‹, hat er der Familie gedroht.« Der Kaiserslauterner Bestatter rät den Angehörigen im Gespräch inzwischen: »Kümmert euch nicht um Genehmigungen, lebt euer Leben. Gestaltet den Abschied so, wie ihr wollt. Manchmal muss man auch die Grauzonen nutzen.« Das aber falle vielen Menschen schwer. »Wir sind einerseits sehr verwöhnt, weil der Staat alles für uns erledigt, andererseits macht uns das zu unsicheren Untertanen, die ständig fragen ›dürfen wir das denn‹?«

Sein Wissen weiterzugeben, nennt de Schutter »eine Herzensangelegenheit«. Im Auftrag des Verbandes der Dienstleistenden Thanatologen (VDT), dem 100 Fachleute angehören, und als Präsident der European Association of Embalmers bietet de Schutter anderen Bestattern regelmäßig Schulungen in Hygiene und zur Restaurierung von Leichen an. Hospizgruppen bekommen von ihm eine Einführung in rechtliche Grundlagen oder in die ersten Schritte der richtigen Versorgung der Toten.

Die thanatologische Behandlung in Deutschland

Fragen an Ronald de Schutter

Was versteht man unter Thanatologie?
Damit ist die Beschäftigung mit allen Aspekten des Sterbens und des Todes gemeint. Die Themen werden zum einen aus soziologischer, philosophischer und psychologischer Sicht behandelt, wozu es auch einen eigenen Lehrstuhl für Thanatologie an der Universität Mainz gibt. Zum anderen gehören dazu gute physiologische und anatomische Kenntnisse, die bei der Ausbildung zum Thanatologen vermittelt werden.
Gehört dazu auch das Einbalsamieren?
Ja, durchaus. Einbalsamieren hat nichts mehr mit dem ägyptischen Totenkult zu tun. Es geht nicht um die Erhaltung des Leichnams für die Ewigkeit, vielmehr sollen die natürlichen körperlichen Veränderungen nach dem Tod für einen begrenzten Zeitraum unterbrochen werden. Dadurch behält der Verstorbene ohne Kühlung sein Erscheinungsbild, und man kann sich in aller Ruhe von ihm verabschieden. Die Angehörigen müssen dafür allerdings ihre Zustimmung erteilen.
Wann ist eine Einbalsamierung sinnvoll?
Als schnellwirkendes Verfahren bewirkt die Einbalsamierung eine innere wie äußere Desinfektion des Leichnams. Angehörige und Freunde müssen ja heute oft weite Strecken für eine Beerdigung zurücklegen. Umgekehrt gibt es viele Auslandsüberführungen. Wenn es in die Vereinigten Staaten geht, ist die Einbalsamierung ohnehin vorgeschrieben. Diese Technik wird in absehbarer Zukunft den verlöteten Zinksarg ersetzen. Ein wichtiger Grund kann auch die Präsentation sein. Vorausgegangene Krankheiten wie auch der Tod selbst führen zu Veränderungen der Hautoberfläche und zu Verfärbungen. Wir benutzen feuchtigkeitsregulierende Substanzen und Kosmetika, um ein lebensnahes Aussehen zu erreichen, allerdings so, dass man es möglichst gar nicht wahrnimmt.

Wie sieht es nach Unfällen aus?
Rekonstruierende Behandlungen, übrigens auch nach Obduktionen, sind ein Spezialfach. Hier gilt es, das Aussehen möglichst lebensnah wiederherzustellen. Hilfreich sind detaillierte Informationen und eine Fotografie des Verstorbenen. Bei rekonstruierenden Maßnahmen geht es um das Kaschieren von Verletzungen, die die Menschen durch Unfälle oder Gewalt erlitten haben. Die Verstorbenen werden mit Nadel und Faden, Klebemitteln, Wachs und verschiedenen Kosmetika so wieder hergerichtet, dass eine offene Aufbahrung und damit ein Abschied für die Angehörigen möglich ist. Dies ist für viele nach einem plötzlichen, gewaltsamen Tod besonders wichtig.

Auf der Webseite www.postmortal.de wird ein entsprechender Fall beschrieben, bei dem zwei junge Motorradfahrer bei einem Unfall umkamen. Während die eine Familie den Äußerungen des von der Polizei gerufenen Bestatters (»Der Sarg muss geschlossen bleiben wegen der Verletzungen«) Glauben schenkte und ihren Sohn deshalb nicht mehr zu Gesicht bekam, wechselte die andere Familie den Bestatter (was selbstverständlich möglich ist) und konnte sich nach der thanatologischen Behandlung ihrer tödlich verunglückten Tochter am offenen Sarg verabschieden.

Die thanatologische Behandlung in den USA

Die Sitte der Einbalsamierung in den USA entwickelte sich in den Unabhängigkeitskriegen, als die Gefallenen über große Entfernungen und bei hohen Temperaturen in ihre Heimatstädte transportiert werden mussten. Aus ähnlichen historischen Erfahrungen heraus wird sie – wenn auch in milderer Ausprägung – in Frankreich und Großbritannien angewandt.
Üblicherweise nehmen in den USA die Angehörigen bei einem vierstündigen »visiting« Abschied von ihren Toten. Dafür lässt man die Verstorbenen von speziell ausgebildeten

Thanatopraktikern mit allen möglichen Hilfsmitteln so herrichten, dass sie im besten Fall aussehen, als würden sie nur schlafen. Körperflüssigkeiten werden durch chemische Stoffe ersetzt, das Gesicht kosmetisch behandelt, die Haare frisiert oder durch eine Perücke ersetzt. Viele Amerikaner glauben, dass eine solche Konservierung der Toten aus hygienischen Gründen Pflicht sei. Umweltschützer aber haben wegen der großen Menge an verwendeten Chemikalien eine Diskussion über den Sinn dieser Behandlungen ausgelöst.

»Bittere Erfahrung« Renate Schürmeyer, Künstlerin, Jeese/Mecklenburg-Vorpommern

»An diesem Donnerstag war meine Mutter zum ersten Mal wieder bei Bewusstsein. Nach unserem Gespräch schickte sie mich mit den Worten nach Hause: ›Los, fahr jetzt.‹ Als ich dort ankam, rief eine Ärztin an und sagte, sie sei gerade gestorben. Ich war neben meiner Trauer auch glücklich und dankbar, dass uns ein letzter gemeinsamer Nachmittag geschenkt worden war. Sie hatte es mir leicht gemacht. Seit geraumer Zeit wusste ich doch, dass jeder Tag der letzte sein konnte.

Am nächsten Morgen wollte ich meine Mutter sehen. Dazu musste ich in die Pathologie. Mein Mann und ich standen, warteten, die Schwester brachte uns ihre Sachen. Alles war in Plastiktüten gepackt, mit dem Wort ›Patienteneigentum‹ beschriftet. Jemand beschrieb uns den Weg. Wir verirrten uns auf dem Weg im Keller. Eine Putzfrau brachte uns durch kalte unfreundliche Gänge zur Pathologie. Wir klingelten. Nichts tat sich. Endlich machte eine Frau auf. Wir seien am Hintereingang. Wie wir denn dahin gekommen wären?

Im Krankenhaushemd erschien mir meine Mutter noch kleiner. Ihr gutes mitgebrachtes Nachthemd hatten sie ihr nicht angezogen. Aber sie sah glücklich und zufrieden aus. ›Du hast es einfach gut gemacht‹, dachte ich. Ich strich ihr über den Kopf und legte Blumen auf ihren Körper. Ich fragte nach dem

Totenschein. ›Darum kümmert sich doch das Bestattungsunternehmen, Sie haben doch schon eines informiert‹, bekam ich zur Antwort.

Das Bestattungsunternehmen bestellte uns zu 15.30 Uhr. Ich wollte gerne einen früheren Termin, damit meine Mutter noch am gleichen Tag überführt werden könnte. Ich wollte sie noch der Tante zeigen. Es ging nicht früher. Und das Überführen noch heute ginge auch nicht. Die Hausmeister würden meine Mutter nicht mehr ausliefern, hieß es. Ich ahnte nicht, dass ich sie sogar erst Dienstag wiedersehen würde.

Der Juniorchef des Bestattungsunternehmens meinte, er benötige alle Unterlagen von uns zum Abmelden. Ich fragte, warum, er wurde unsicher. ›Ich kann meine Mutter selber abmelden, immerhin hat sie mich geboren und angemeldet, also kann ich sie auch abmelden.‹ Er schluckte.

Als Beerdigungstermin schlug er Donnerstag 11 Uhr vor. Das sei der erste Termin, den die Pastorin noch frei habe. ›Das geht nicht‹, erwiderte ich, ›es kommen Verwandte von weiter her, sie kann nur am Nachmittag beerdigt werden.‹ Ich sprach dann selbst mit der Pastorin. Ja, am Freitag ginge es um 13.30 Uhr. Wir vereinbarten den Termin für das Trauergespräch. Sie machte einen netten Eindruck auf mich.

Der Bestatter zeigte uns die Vorlagen für Karten, für die Traueranzeige und den Blumenschmuck. Ich bat darum, alles alleine zu machen. Es war ja das, was ich jetzt für meine Mutter noch tun konnte, mein Abschiednehmen. Er schluckte.

Danach sprachen wir über unser Familiengrab. Meine Mutter wollte ihr Grab über dem ihres Vaters haben. Dafür mussten ein Stein und ein Kreuz entfernt und später wieder befestigt werden.

Ich gab dem Bestatter eine Bluse meiner Mutter. Dann schauten wir nach den Särgen, wollten einen einfachen Fichtensarg. Die Modelle waren aber so unschön, dass wir uns für einen Eichensarg entschieden. Dann zeigte der Chef uns Decken und Kissen, mit Rüschen und Krausen, längs- oder quergesteppt. Das Beste wäre doch die eigene Bettdecke, meinte ich, wir nahmen dann aber doch die schlichteste Version.

Im Haus meiner Tante schrieben wir die Worte für die Anzeige und Trauerkarte. Den Konfirmationsspruch meiner Mutter hatte meine Tante schon herausgesucht.

Dass die Hausmeister sie heute nicht mehr auslieferten, hatte mich stark getroffen. Nach allem, was ich im Krankenhaus erlebt hatte, hatte ich schon arge Phantasien: Ich wollte auf keinen Fall, dass man ihr die Knochen beim Anziehen der Bluse brach. Ich weiß, es ist eine Hülle, aber es ist die Hülle meiner Mutter und mit ihr soll man ordentlich umgehen.

Am nächsten Tag rief ich den Bestatter an, teilte ihm mit, ich wolle meine Mutter mit überführen. Das ginge nicht, er hätte nur zwei Plätze im Auto, er brauche jemand, der mit anfassen könne. Ich sagte, ich könne mit anfassen, ich würde meine Mutter auch gerne mit einsargen, so schwer sei sie wirklich nicht. Er wurde unsicher, meinte, es ginge nicht, es sei pietätlos, dass ich meine Mutter einsargen wolle. Ich könnte ja, wenn ich wollte, hinter ihm herfahren.

Ich war entsetzt. Später erzählte mir dann eine Bekannte, dass sie ihre Schwiegermutter auch gewaschen und eingesargt hätte. Mein Wunsch sei alles andere als pietätlos, der Bestatter aber sei herzlos.

Montags sagte ich dem Bestatter, dass mir das Hinterherfahren nichts nütze. Er möge meine Mutter jetzt bitte allein holen und mir sagen, wann wir sie sehen könnten. Zudem bat ich um einen Schlüssel zum Aufbahrungsraum der Friedhofskapelle. Er wand sich, erklärte, er habe selbst nur einen Schlüssel. Er hörte nicht auf, sich zu erklären. Schließlich sagte ich: ›Bitte lassen Sie mich in Ruhe, sagen Sie mir, wann ich meine Mutter sehen kann.‹ Ich klang so wie meine Mutter. ›Bitte lassen Sie mich in Ruhe‹, hatte sie gesagt, wenn sie absolut wütend war.

Als ich nach Haus kam, hatte der Bestatter ausrichten lassen, ich könne jetzt doch mitfahren. Ich war fassungslos, denn ich hatte doch deutlich erklärt, dass ich nicht mehr mitwollte. Wieder fuhr ich mit meiner Schwester zu ihm, es gab Unklarheiten wegen der Sterbeurkunde. Dienstag würden wir endlich unsere Mutter im Aufbahrungsraum sehen und auch einen Schlüssel bekommen.

Wir erledigten alles bei der Zeitung, der Druckerei und dem Blumengeschäft und fuhren dann zum Aufbahrungsraum. Unsere Mutter sah immer noch schön aus. Donnerstag besuchte ich sie zum letzten Mal und zeichnete sie. Es waren nur noch wenige Stunden, dann war sie für immer unter der Erde. Ich wollte mir ihr Gesicht einprägen. Nebenan wurde eine andere Beerdigung vorbereitet, ich hörte Leute fluchen. Ich räusperte mich. Wenn ich sie hörte, müssten sie mich doch auch hören. Ich sang leise die letzte Strophe von ›Der Mond ist aufgegangen‹. Das Fluchen hörte nicht auf, also sang ich lauter.

Später fragte ich den Bestatter, wann er den Sarg schließe. Ich wolle dabei sein. Gut, Freitag, gleich um acht Uhr. Es war ein freundlicher Morgen. Der Bestatter gab mir noch kurz Zeit. Dann schoben wir alle Rüschen und Blumen in den Sarg, ich rückte das Lavendelkissen zurecht. Wir ließen den Deckel herunter und verschraubten ihn. Warum das so fest sein muss, verstand ich nicht, er drehte die Schrauben nach. Mit dem Friedhofsgärtner trug er den Sarg in die Kapelle.

Die Beerdigung war, denke ich, wie unsere Mutter es sich gewünscht hätte. Die Kapelle roch nach Hyazinthen, ihren Lieblingsblumen. Mein Bruder spielte die Orgel, eine Verwandte sang, die Pastorin stellte das Leben unserer Mutter dar, ein bisschen lebte sie noch. Auch der Abschied am Grab ging vorüber. Das gemeinsame Essen im Anschluss tat uns allen gut. Sie war noch unter uns, wir erinnerten uns ihrer, erzählten. Ich erfuhr manches, was ich vorher noch nicht wusste. Es tat gut, Verwandte und Freunde um sich zu haben.

Später gingen wir noch einmal zur Grabstelle. Das gesamte Familiengrab war geräumt und glattgemacht worden. Die drei Steine und das Kreuz waren verschwunden. Den Erdaushub des Grabes unserer Mutter hatte man auf die anderen zwei Grabstellen getürmt statt auf den Weg. Keiner hatte uns informiert, man wollte uns nicht in unserer Trauer stören, war die Antwort.«

Verbraucherberatung rund um die Bestattung

Aeternitas e.V. nennt sich die Verbraucherinitiative Bestattungskultur, die 1984 von einigen über das herrschende Bestattungsangebot verärgerten Bürgern und Bürgerinnen gegründet wurde. Inzwischen betreut der Verein 50 000 Mitglieder im ganzen Bundesgebiet und zählt auf seiner Seite www.aeternitas.de jährlich 500 000 Zugriffe. Er informiert über neue Entwicklungen im Bestattungswesen und berichtet über schwarze Schafe in der Branche.
Auch Nichtmitglieder können sich Broschüren und Checklisten für den Trauerfall zuschicken lassen, die Rechtsdatenbank nutzen und die Friedhofsgebühren in mehr als 800 Städten und Gemeinden miteinander vergleichen. Gleichzeitig werden Kostenrechner für Bestatter, Gärtner und Steinmetze zur Verfügung gestellt sowie eine Preisübersicht über einzelne Bestatterleistungen bereitgehalten.
Der Link »Gute Bestatter« steckt noch in den Anfängen, große Städte wie Hamburg, Berlin und München sind noch nicht vertreten. Das liegt möglicherweise an der nicht geringen Gebühr, die für die Aufnahme in diese Rubrik jährlich zu zahlen ist.

Sarg, Aschenkapsel und Urne

Der Sarg – ein anständiges Gehäuse?

Der Architekt Egon Eiermann, der u. a. die neue Kaiser-Wilhelm-Gedächtniskirche in Berlin entworfen hat, war seiner Zeit eindeutig voraus, als er 1960 von der »entsetzlichen Hässlichkeit« deutscher Särge sprach. »Wenn so etwas meine letzte Stube sein soll, möchte ich nicht begraben sein«, sagte er. Er machte sich dann selbst daran, einen »anständigen Sarg«, ein »würdiges Gehäuse« zu entwerfen – ein gerades Modell mit glatten Linien, ohne jede Verzierung, dafür mit strengen seitlichen Tragehölzern und raffinierten Verschlüssen. Das Ganze in einem matten Blau – dieser zeitlos elegante Sarg würde auch heute noch Preise gewinnen. Doch das Bestattungsgewerbe hat den Entwurf damals nicht aufgegriffen und auch heute nicht im Angebot. Stattdessen beherrscht, wie Eiermann schon vor 50 Jahren formulierte, weiterhin »barocker Kitsch, abscheulicher Pomp« das Angebot.

Das stellte auch 2002 eine Gruppe junger Studenten der Design-Hochschule Halle bei einer Marktuntersuchung fest. »Solche Särge wurden schon benutzt, als das Pferd noch das wichtigste Fortbewegungsmittel war«, heißt es in ihrem Bericht. Die 25-Jährigen hielten es jedoch »für unangemessen, in einem Sarg Eiche rustikal mit Ornamenten aus dem 19. Jahrhundert von dieser Welt zu scheiden«. Ihr Fazit: Die gesamte Bestattungsszene leide unter einer »Omaisierung«.

Dass eine »Wulstsonderschnitzung« nicht mehr zeitgemäß ist, hat ein großer Teil der Sargindustrie aber immer noch nicht verstanden. Der Verband der Bestattungs-Zulieferer in Bonn beklagt, dass im letzten Jahr mit 190 000 Stück schon wieder 15 Prozent weniger in Deutschland hergestellte Särge verkauft wurden und sich der Umsatz der Sargbranche seit dem Jahr 2000 mehr als halbiert habe (auf 37 Millionen Euro im Jahr 2007). Für den Verband aber sind die »Hauptursachen«: 1. der Verfall der Bestattungskultur, 2. Abschaffung des Sterbegeldes, 3. Importdruck und hohe Rohstoffkosten.

Natürlich sind die billigeren Sargmodelle, die vor allem aus Polen und Tschechien importiert werden, für deutsche Hersteller ein Problem. Aber eines, mit dem jedes Gewerbe in der EU zu kämpfen hat. Dass die Branche im 21. Jahrhundert immer noch weitgehend fünfziger-Jahre-Chic herstellt, scheint kein Anlass für Selbstkritik und Innovation zu sein. Allerdings sagen auch hier (wie bei den Urnen) einige Hersteller, dass es die extrem konservativen Bestattungsunternehmen seien, die den Geschmack diktierten. Einer dieser Kritiker, Siegfried Eckhardt aus Wetter, hat immerhin mit dem Modell »Papst-Sarg« Erfolg, den er nach der Beerdigung Papst Johannes Paul II. als Erster in Deutschland nachbaute. »180 Stück habe ich von diesem handwerklich schönen Sarg bisher verkauft«, erklärt er stolz. Das schlichte Modell mit einer Verjüngung in Höhe und Länge, gezinkten Eckverbindungen, einem unsichtbaren Deckelverschluss und verstaubaren Seilgriffen ist allerdings aufwendig herzustellen und liegt mit rund 2800 Euro im oberen Preisbereich.

Erfahrungen hat Siegfried Eckhardt auch mit überlangen und voluminösen Särgen für sehr große oder sehr schwere Menschen. »Die Särge müssen in Handarbeit gebaut und dem Gewicht der Menschen angepasst werden.« Das mache die Särge um die Hälfte teurer. »Schwierig wird es bei 200 Kilo. Dann brauchen wir Außenmaße von 90 Zentimetern und die passen nicht mehr durch die Ofenluke des Krematoriums. Da bleibt nur die Erdbestattung in einem extra großen Grab.«

»Wir suchten nach Vaters Tod einen Sarg aus. ›Den können Sie nicht nehmen, das ist ein Frauensarg‹, sagte der Bestatter bestimmt. Wie bitte? Ich konnte es nicht glauben. Schließlich war mein Vater kleiner und schlanker als ich.«

(Angelika, 47 Jahre)

Schöne Särge gibt es bei dem Designer Andreas Spiegel aus Köln. Sein Modell »Cocoon« beispielsweise – eine dreidimensionale Ellipse aus nachwachsenden Rohstoffen wie Pflanzenfasern – wiegt nur ein Drittel der üblichen Holzsärge. Die schwermetallfreie Lackierung gibt es in 14 ungewöhnlichen Farben, von denen Bordeauxrot am häufigsten verkauft wird. »Wir haben den traditionellen Sarg neu interpretiert und vor allem auf Umweltfreundlichkeit und hohe Funktionalität geachtet«, sagt Spiegel. »Die herausziehbaren Edelstahlgriffe können abmontiert werden oder gleich durch Taue aus Naturfasern ersetzt werden.« So viel Schönheit hat mit rund 3500 Euro allerdings auch ihren Preis.

Möbeldesigner Hans Rademaker wiederum versorgt von Holland aus eine kleine Szene von Ästheten mit seinen, wie er sagt, »sanften« Särgen. Es sind gerade und glatte Särge aus unlackiertem Pappelholz, die zuvor als Bücherregale genutzt werden können. Ein Beispiel dafür ist das Modell »Sakkara«, ein Regal, welches zum Sarg wird, indem man die Regalbretter herauszieht und mit ihnen nach dem Nut-und Feder-Prinzip den Sargdeckel zusammenbaut. Die Tragegriffe bestehen hier wie auch bei den eleganten Luxor- und Gizeh-Modellen aus Aussparungen in einem rundumlaufenden Holzrand. Rademaker stellt sich vor, nach dem Tod den Deckel erst nach und nach zu schließen, indem man jeweils ein Regalbrett dazulegt. »So werde ich langsam den Blicken entzogen. Die Angehörigen können den Sarg auch selbst zuschrauben, die Bohrlöcher sind schon da.«

Nach einer größeren Auswahl umweltfreundlicher Särge muss man in Deutschland noch suchen, vor allem, wenn sie auch schön oder zumindest originell aussehen sollen. (Siehe dazu: Grüne Bestattungen – Erfahrungen aus den USA und Großbritannien). Unter anderen wirbt die Berliner Sargfirma Lignotec mit der recycelten Serie »LignoBoard«. Für die einfachen Särge werden Holzreste eines Sägewerks zerfasert und zu Werkstoffplatten verleimt. Die sind dünner als üblich und machen den Sarg mit rund 40 Kilo recht leicht. Lösemittelarme Wasserlacke tragen zum Schutz der Umwelt bei.

Für Aufregung sorgte vor einigen Jahren die Einführung der sogenannten »Peace-Box«, eines Faltsargs aus Pappe, der zu 60 Prozent aus recyceltem Altpapier besteht und mit Pflanzenstärke verleimt wird. Der nur 12 Kilo schwere Öko-Sarg wird mit losen Tragegurten transportiert und kostet rund 300 Euro. Der Würzburger Bestatter Norbert Papke hat diesen Sarg von Anfang an gegen alle Einwände (»Transportkarton«) verkauft. »Wir haben damit sehr gute Erfahrungen gemacht«, meint er. »Wir lassen jährlich 60 bis 80 dieser Särge im Krematorium Schweinfurt verfeuern, und es gibt keinerlei Probleme. Dennoch halten sich regelrechte Ammenmärchen über den Faltsarg. Viele Krematorien lehnen die Verbrennung ab, weil der Sarg ›keine eigene Heizenergie besitze‹ oder weil die ›Flugasche die Filter voll mache‹. Nichts davon ist wahr.« Richtig aber sei, dass man in Schweinfurt zu Betriebsbeginn morgens als erstes Holzsärge verfeuere. »Wenn die Temperatur dann die volle Höhe erreicht hat, verbrennen auch die Pappsärge ohne Probleme.«

Der Bestattungs-Historiker Norbert Fischer konnte in einer »Report«-Sendung keine Pietätlosigkeit der Peace-Box erkennen. »Früher hat man die Menschen in Leinentüchern beigesetzt oder ganz ohne Umhüllung. Der Sarg ist wirklich ein Prestigeobjekt, was zunächst in den Oberschichten aufkam und erst in neuerer Zeit allgemein üblich wurde.«

Was in der gesamten Bestattungsbranche und auch in den einzelnen Bundesländern bis heute sträflich vernachlässigt wurde, sind Untersuchungen über das Umweltverhalten und die Verrottbarkeit von Särgen und Urnen. (Siehe Umweltprobleme auf dem Friedhof)

Särge selbst gestalten, bauen oder bemalte Särge kaufen

In den Tagen nach dem Tod eines geliebten Menschen kann es sehr hilfreich sein, noch einmal etwas Sinnvolles und ganz Persönliches für ihn zu tun. Das gemeinsame Bemalen des Sarges könnte für manche ein schönes Ritual sein. Gerade die einfachen Holzsärge oder die aus Pappe sind zum Bemalen und Beschriften sehr gut geeignet. Solange umweltfreundliche Farben verwendet werden, gibt es auch keine Probleme bei der Erdbestattung oder im Krematorium.

Inzwischen bieten auch eine Reihe aufgeschlossener Bestattungsunternehmen das Anmalen des Sarges oder auch der Urne in ihren eigenen Räumen an. Vorreiterin war hier die Bestatterin Claudia Marschner aus Berlin-Kreuzberg, die Trauernde schon seit Jahren dabei unterstützt, den Abschied von ihren Angehörigen selbst zu gestalten. In ihrer Trauerwerkstatt können Menschen in aller Ruhe Särge selbst bemalen oder Urnen zur Gestaltung mit nach Hause nehmen.

Ebenfalls in Berlin bemalt die Künstlerin Marlies-Kathrin Föllmer Särge und Urnen mit farbenfrohen Motiven nach den Wünschen ihrer Kunden. »Mir ist besonders wichtig, mit den Menschen ausführlich über die gewünschten Motive zu sprechen, denn dabei beginnt die Trauerarbeit«, sagt Föllmer. Drei Szenen hat sie gerade fertiggestellt, eine Waldlandschaft für einen Jäger, einen Strandkorb mit Möwen vom letzten Urlaub und einen bunten Garten für jemanden, der einen grünen Daumen hatte.

Schlichte Särge und Urnen, bemalt mit klaren Ornamenten in ruhigen Farben oder einem sehr dezenten, angedeuteten Porträt des Verstorbenen im Mittelpunkt, bietet der Bildhauer Thomas Henniges in Leipzig an.

Der Wandelmaler Alfred Opiolka – der sich so nennt, weil sich die Dinge wandeln, wenn er sie bemalt – benutzt wasserlösliche Farben für seine freundlichen Motive aus der Natur, Gänseblümchen, Sonnenblumen oder Wiesen voller Enziane. Er bemalt damit auch Schmetterlingsschreine und kleine Blumensärge für Frühchen und Kinder. Der Künstler hat sich in Kempten im Allgäu einen eigenen Laden zugelegt, in dem seine bemalten Särge, Urnen und Grabkreuze zum Verkauf angeboten werden. Die Preise liegen zwischen 950 und 2250 Euro.

Vielleicht haben sich von diesem Sargladen ein paar Menschen inspirieren lassen, zumindest bietet eine städtisch unterstützte Werkstatt für jedermann in Kempten nun auch Särge zum Selbstbauen an. Die Initiatorinnen Birgit Klügel und Claudia Heidrich wollen selbst nicht in einem Standardsarg beerdigt werden und haben verschiedene Modelle ausgetüftelt. In ihren Kursen zeigen sie, wie man »Erdmöbel« so herstellt, dass sie vor dem Tod noch eine Weile als Truhe, Bücherregal oder Schuhschrank dienen können.

Es lohnt, sich bei Interesse an bemalten Särgen oder deren Selbstbau in der eigenen Stadt oder Region umzuhören. Es gibt inzwischen eine ganze Reihe künstlerisch begabter Menschen, die sich damit ihr Geld verdienen (möchten).

Aschenkapseln und Urnen

Nach DIN 3198 ist die »Aschenkapsel ein normiertes luft- und wasserdichtes Metallbehältnis zur Aufnahme der zerkleinerten und von Metallteilen befreiten Asche eines Verstorbenen«. Sie ist rund 20 cm hoch und mit einem festen Deckel verschlossen, in den die Daten des Toten eingestanzt werden. Die gleichen Daten stehen noch einmal auf einem kleinen Schamottstein, der die gesamte Einäscherung begleitet und am Ende zu der Asche in die Kapsel gelegt wird. Wegen der sicheren Handhabung und Unverwechselbarkeit wird die Kapsel seit langer Zeit von den Krematorien serienmäßig verwendet und zur Beisetzung bereitgestellt.

Da vielen Menschen die Aschenkapsel allein zu hässlich ist, wird häufig eine Überurne dazu gekauft. Wie bei Särgen gibt es auch hier enorme Unterschiede, und es tun sich zuweilen geschmackliche Abgründe auf. So gibt es Gefäße aus schweren Metallen mit erhaben herausgearbeiteten Kreuzen oder gefalteten Händen und massive Zinnurnen mit einem Eigengewicht von mehr als zwei Kilo. Auch bei modernen Werkstoffen hapert es oft an der Gestaltung. Manche der glänzenden Überurnen sehen dann aus wie Cocktailshaker, andere aus Holz ähneln Cognacfässchen. Den Markt beurteilt der Chef des Urnenanbieters Voelsing AG bei Hannover, Volker Voelsing, so:

»Die Branche ist sehr konservativ strukturiert. Die dort angebotenen Urnen spiegeln zu 99 Prozent den Geschmack des Bestatters wider. Wenn sich die Leute nicht selbst über das große Angebot informieren, bekommen sie das, was der Bestatter vorrätig hat.«

Dabei gibt es durchaus schöne Aschegefäße in vielen Farben, Materialien und individueller Gestaltung. Bei den »Himmelblau-Urnen« lässt sich etwa der Deckel (mit extra Gabenfach) abheben und ein schmückender Ring aus Filz, Metall oder Glas über das Gerät schieben. Eine Architektin aus Düsseldorf hat eine elegante, mit Wollfilz ausgekleidete schwarze Holz-Urne entwickelt. Die Angehörigen erhalten ein Stückchen des Filzes als »memoire« dazu. Das Konzept erhielt mehrere Auszeichnungen. Edles Design unter dem Namen »cosmicball-collection« bieten zwei Schweizer Brüder an. Da gibt es Kugelurnen aus Steingut oder Ton, quadratische Gefäße aus Birnbaum oder den futuristisch wirkenden »Ball of Love« aus Edelstahl und Aluminium zu sehr gehobenen Preisen. Zu seinem Engagement auf diesem Gebiet meint Thomas Schär: »Mich deprimierte die zufällige Betrachtung von Urnen im Schaufenster eines Bestattungsinstitutes dermaßen, dass ich beschloss, eine zeitgemäße Urnenkollektion zu entwickeln.«

Dem ökologischen Aspekt widmen sich Anbieter für Bio-Aschenkapseln und Urnen. Behältnisse aus Flachs und Bambus mit Biokunststoffen stellt zum Beispiel die Firma Linotech in Waldenburg her. Der Urnenanbieter Karsten Frenzel aus Großkneten bietet sowohl Aschenkapseln als auch Überurnen aus 100 Prozent biologisch abbaubaren Naturfaserverbundstoffen wie Flachs, Jute, Hanf oder Holzfasern an. Die Universität Weimar hat überprüft, dass diese Urnen je nach Bodenbeschaffenheit nach drei bis fünf Jahren rückstandsfrei verrotten. Frenzel hat aber erfahren: »Viele wollen das alte Prinzip mit dem Weißblech-Deckel behalten, einfach, weil sie die entsprechenden Prägemaschinen haben.« Von den Bestattern zeige sich lediglich ein Drittel aufgeschlossen. Die Mehrheit interessiere sich mehr für einen Preisunterschied von fünf Cent als für die Umwelt. Dabei müsse man doch nur einmal rechnen: »Jedes Jahr werden in Deutschland rund eine halbe Million Stahlblechurnen beigesetzt und ungefähr noch mal so viele Aschenkapseln. Das entspricht 2000 Tonnen Stahlblech. Bei dessen Herstellung werden rund 4000 Tonnen klimaschädliche CO^2-Gase freigesetzt. Ausgehend von einer Liegezeit von 20 bis 30 Jahren lagern 20 bis 30 Millionen dieser Behälter auf deutschen Friedhöfen.«

Warum wird im umweltbewussten Deutschland nicht längst vorgeschrieben, nur biologisch abbaubare Urnen zu verwenden? Stattdessen versucht sich jeder in eigenen Vorschriften. Einzelne Friedhofsverwaltungen oder Bestatter weisen mit schwammigen Formulierungen darauf hin, dass »nur abbaubare Stoffe« oder »vergängliche Materialien« benutzt werden dürfen. »Schwer zersetzbare Stoffe« sind demnach verboten und entsprechende Überurnen müssten »vor der Beisetzung entfernt werden«. Für manche kommt als Material »nur unbehandeltes Holz und weich gebrannte Keramik« in Frage, auf keinen Fall Marmor, feste Keramik, Kupfer und Kunststoff. An anderer Stelle sind wiederum nur Glas oder emailliertes Metall verboten. Wer kontrolliert das alles? Der kleine Friedhofsangestellte, der die Urne zum Grab trägt?

Das gleiche Durcheinander gilt für die Verrottungszeiten. Die einen geben an, innerhalb von fünf Jahren könne man eine Urne noch jederzeit intakt umbetten, andere gehen davon aus, dass die Urne erst innerhalb von 25 Jahren (!) im Erdreich vergeht.

Die Wahrheit versteckt sich in vielen Friedhofssatzungen. Da heißt es nämlich oft: »Nach abgelaufener Nutzungszeit des Grabes wird die Asche ohne Kapsel in gesondertem Gemeinschaftsgrab erneut beigesetzt.« Das heißt im Klartext: All die nicht verrotteten Urnen und Kapseln werden am Tag X aufgebrochen und die Aschen an anderer Stelle in einem anonymen Sammelgrab zusammengeschüttet!

Spätestens an dieser Stelle fragt man sich: Warum wird die Asche überhaupt erst in eine Aschenkapsel und dann noch einmal in eine Überurne gesteckt? Was hat das mit dem Wunsch der Menschen zu tun, Asche solle wieder zu Asche werden?

Gründe dafür sind nie hinterfragte Gewohnheiten, Überwachungswahn und finanzielle Interessen.

Wenn Urnen in Kolumbarien (Urnenwänden) oder privat aufgehoben werden, sollte eigentlich jedes Material, jede Form und Farbe erlaubt sein. Der Schamottstein im Inneren reicht zur Identifizierung. Eine Extra-Aschenkapsel ist möglich, aber keineswegs notwendig. Für die Beisetzung in der Erde sollten Angehörige über biologisch abbaubare Urnen aufgeklärt werden. Wenn sie sich vorstellen können, die Urne noch einmal umbetten zu wollen, könnten sie sich für eine langsamer verrottende Urne entscheiden, mit oder ohne Extra-Kapsel, denn auch hier stehen die Daten ja bereits auf dem beigefügten Schamottstein. Ansonsten sollten alle Hinterbliebenen das Recht haben, aus einer Auswahl von ansehnlichen, biologisch und kurzfristig abbaubaren Urnen zu wählen, in die die Asche mit dem Stein vor der Beisetzung umgefüllt wird. Die Aschenkapsel wäre dann in den meisten Fällen nur noch für den Transport der Asche zum Bestattungsort nötig.

Umfragen in der Branche zeigen, dass diese Problematik durchaus bekannt ist. So meint etwa Jost Arnold, Geschäftsführer der Ruheforst GmbH: »Die Kirchen machen sich viele Gedanken um eine würdige Bestattung. Dennoch gibt es nicht nur kommunale, sondern auch kirchliche Friedhöfe mit extrem kurzen Liegezeiten von 15 Jahren. Da kommen dann all die nicht verrotteten Urnen wieder zum Vorschein und landen entweder in einem Urnen-Sammelgrab oder werden noch einmal verbrannt.« Ein Bestatter erklärt lapidar: »Ein Kolumbarium ist ehrlicher als die übliche Erdbestattung der Urne. Da weiß man genau, dass sie jetzt da jahrelang hinter Glas steht und sich nichts tut.« Eine Friedhofsmitarbeiterin sagt hinter vorgehaltener Hand: »Sie glauben nicht, wie viele unterschiedliche Urnen wir aus der Erde holen. Die können schon mal hundert Jahre überdauern.«

Im Heft »Friedhof und Denkmal« weist ein Fachmann darauf hin, dass Urnen aus Glas bei Frost häufig zerbrächen und gefährliche Glassplitter hinterließen. Besser wäre Sicherheitsglas, das in kleinste Stückchen zerfalle. Insgesamt solle man aber »die Verwendung korrosionsbeständiger Überurnen gründlich überdenken«. Bei der Grabaufgabe käme es immer wieder zum »pietätlosen Bruch des Bestattungsablaufs«, wenn »vollständige Überurnen mit den darin enthaltenen Aschenkapseln zum schnöden Entsorgungsproblem« würden. Am besten wäre es seiner Meinung nach, die Überurne als reine Geldverschwendung einfach wegzulassen.

»Freiheit für die Asche«
Die Bio-Urne der Rita Capitain, 24576 Hagen

»Solange die Bestatter noch hunderte dieser Blechdosen in ihren Regalen stehen haben, werden sie meine Urne nicht kaufen«, erklärt Rita Capitain nüchtern. Aber gute Dinge brauchten eben ihre Zeit, glaubt die Künstlerin und betont »Das frEI ist mein Beitrag zu einer würdevollen Bestattung.«

Wie so oft in dieser Branche entwickelte sich das Engagement Capitains aufgrund eigener Erlebnisse. Sie hat beide Eltern beim Sterben begleitet und sich danach immer wieder überlegt, wie sie denn selbst einmal bestattet werden möchte. Vor allem die Urnen waren der Ästhetin ein Dorn im Auge, so hässlich, so protzig. »Ich habe mir dann überlegt, wie eine schöne Urne aussehen könnte, welches Material, welche Farben passen würden.« Bei der Begutachtung konventioneller Urnen wurde ihr dann plötzlich klar, »welchem Betrug wir da alle aufsitzen. Warum wollen wir denn verbrannt werden? Doch weil wir möchten, dass Asche zu Asche wird, oder? So läuft das aber nicht. Überall in Deutschland ist es Vorschrift, die Asche nach der Verbrennung im Krematorium in eine Aschenkapsel umzufüllen.« Das mache ja auch Sinn, um Verwechslungen auszuschließen, nichts aber spräche dagegen, die Asche vor der Bestattung in eine verrottbare Urne umzufüllen (wie es bei See- und Waldbestattungen ohnehin vorgeschrieben ist). »Stattdessen wird diese fest verschlossene Kapsel meist noch in eine Überurne gesteckt und dann beigesetzt. Die Asche wird also regelrecht eingesperrt, und kaum ein Laie weiß das.

Das ist ein großes Tabu, da will keiner dran rühren. Ich habe aber keine Lust, nach dem Tod eingekapselt zu sein wie in einer Katzenfutterdose. Ich will Freiheit für die Asche.«

Rita Capitain suchte nach einer Form, »aus der wir alle kommen und in die wir alle gehen«. Ihre Urne sollte einem Ei nachempfunden sein und die Asche bald wieder freilassen. So entstand der Name »das frEI« und eine ungewöhnliche Urne, deren raufaserähnlicher Korpus aus Stärke hergestellt wird und in der Erde nach einiger Zeit vergeht. Steht die Urne aber in einem Kolumbarium, behält sie ihre Form und kann daher für alle Bestattungsformen eingesetzt werden. Als Beiwerk besitzt die Urne einen drei Meter langen naturgefärbten Seidenschal, ist mit 35 cm Höhe recht groß und wiegt ein Kilo. Diverse Farbgebungen sind möglich, die Oberfläche kann durch Fotos, Zeichnungen, Gedichte oder eine Blattgoldauflage nach den Wünschen der Besteller gestaltet werden.

Praktisch funktioniert das so: Die Urne hat keinen Deckel, dafür aber zwei gegenüberliegende runde Aussparungen. Mit einem Trichter wird die Asche zusammen mit der Namensmarke eingefüllt, sinkt auf den Boden und sorgt für einen stabilen Stand. Dann wird eine an beiden Enden offene Röhre, die sogenannte Beigabenhülse, zusammen mit einem hindurchgezogenen Seidenschal durch beide Löcher geschoben und die Urne auf diese Weise verschlossen. In die Beigabenhülse kann außer dem Schal eine Blume, ein Brief oder ein kleines Erinnerungsstück gesteckt werden. Der Schal selbst wird auf der anderen Seite ein Stück weit herausgezogen und dient sowohl als Schmuck der Urne wie auch als Halterung, um die Urne in die Graböffnung herabzulassen und sich wie ein Schleier darüber zu legen.

Kirchliche Rituale

Wer ist Mitglied welcher Kirche oder konfessionell gar nicht gebunden? Hier teilt sich Deutschland in drei große Gruppen auf. Die katholisch oder evangelisch getauften Bürgerinnen und Bürger sowie die Konfessionslosen. Sie stellen mit je 31 Prozent jeweils ein knappes Drittel der Bevölkerung. Es folgen die Muslime mit rund vier Prozent, weitere christliche Glaubensrichtungen mit zwei Prozent, Juden, Buddhisten und Hinduisten mit unter einem Prozent.

In den Jahren 1970 bis 2000 sind die christlichen Bestattungen kontinuierlich zurückgegangen, auf katholischer Seite um 11,5 Prozent, auf Seiten der Evangelischen Kirche um rund 25 Prozent. Diese Entwicklung hat sich auch in den letzten Jahren fortgesetzt. Beide Kirchen verlieren kontinuierlich Mitglieder. Bei der Katholischen Kirche gab es 2004 etwa rund 100 000 Austritte, die Evangelische Kirche beklagte sogar 140 000 Austritte. Inzwischen sinken bei beiden Kirchen die immer noch hohen Austrittsraten, während die Eintritte leicht zunehmen. Umfragen nach bezeichnen sich zwar rund 50 Prozent der Deutschen als gläubig, aber nicht alle bekennen sich zu einer Kirche. Bei der Onlineumfrage »Perspektive Deutschland« kam heraus, dass nur noch 11 Prozent Vertrauen in die katholische Kirche haben, bei der evangelischen Kirche waren es 17 Prozent der Befragten.

Viele von denen, die an ihrer Konfession festhalten, kontaktieren ihre Kirche nur noch an den Wendepunkten des Lebens. Das wurde bei einer Umfrage der evangelischen Kirche deutlich: »Die Kirche soll den Menschen durch Rituale in biographischen Umbruchsituationen helfend zur Seite stehen.« Die Mitglieder wünschen sich von ihr vor allem »Amtshandlungen« wie Taufe, Trauung und Beerdigung.

Der Vordenker (katholisch): Dr. Reinhard Hauke, katholischer Weihbischof in Erfurt

Es sind zwei Dinge, die den Erfurter Weihbischof Dr. Reinhard Hauke zum engagierten Vertreter einer weltoffenen Trauerkultur gemacht haben. Er hat jahrzehntelang als katholischer Pfarrer an der Basis gearbeitet, und er vertritt eines der ärmsten und mitgliederschwächsten Bistümer Deutschlands. In der Diözese Erfurt leben nur 6,6 Prozent Katholiken neben 16 Prozent evangelischen Christen und einer überwältigenden Mehrheit von Nichtchristen. Das scheint Toleranz und kreatives Denken zu fördern.

Bischof Hauke ist jemand, der Dinge ausprobiert, die in anderen Bistümern noch als undenkbar gelten. »Mein Aha-Erlebnis war, als ich vor einigen Jahren von einem Friedhofsmitarbeiter erfuhr, dass bei uns inzwischen mehr als 50 Prozent der Menschen anonym bestattet werden. Das hat mich sehr erschreckt, denn der Name eines Menschen ist doch ein Synonym für ihn selbst, für seine Identität«, sagt Hauke. Viele aber hätten kaum Erfahrungen in einer Kultur des Erinnerns. »Es ist schwer für die Menschen zu trauern, wenn die Asche ihres Angehörigen zusammen mit 600 anderen Urnen unter einem Rasenstück von zehn mal zehn Metern begraben liegt. Ich habe viele Menschen getroffen, die eine völlig anonyme Bestattung später bereut haben.« So habe er überlegt, wie man dies in seiner Diözese ändern könne und hat nach einer neuen Begräbniskultur und entsprechenden Orten des Abschieds gesucht.

Da passte es gut, dass die Diözese eine von drei großen Kirchen »praktisch übrig hatte«. Die Allerheiligenkirche mitten in der Erfurter Altstadt musste allerdings erst einmal für 1,2 Millionen Euro renoviert werden. Geld, das nicht da war. Reinhard Hauke rechnete wirtschaftlich und dachte christlich: »Die Inschriften auf dem Boden der Kirche verraten, dass es hier schon früher einen Bestattungsraum gegeben hat. So kamen wir auf die Idee, hier ein Kolumbarium zu errichten.« Das Revolutionäre daran ist, dass hier Katholiken ebenso wie Andersgläubige oder Nichtgläubige bestattet werden können. Einzige

Voraussetzung ist, dass bei der Bestattungsfeier die christliche Gestaltung der Kirche nicht verändert werden darf. Dafür aber gibt es unterschiedliche Formen des Abschieds. Nichtchristen bekommen etwa andere Handzettel mit weltlichen Liedern und Texten, Glockengeläut aber schon, wenn sie möchten. »Die Idee war ein voller Erfolg«, freut sich Bischof Hauke. »Innerhalb von acht Wochen waren alle 630 Urnenplätze verkauft, davon 20 Prozent an Nichtchristen. Der jüngste Käufer ist 1971 geboren.« Ein Trend dabei ist die »Familienzusammenführung« – Urnen der Freundin oder des Opas werden von Familien vom Friedhof oder aus anderen Städten überführt und im Kolumbarium zu den anderen Urnen aus der Verwandtschaft oder dem Freundeskreis gestellt. Zusätzlich kommen Anfragen von Angehörigen, die gern die Familien oder Freunde des Toten aus der Nachbarurne kennenlernen möchten. »Wer ist neben dem Platz meines Vaters oder auch neben dem für mich reservierten eigentlich bestattet?«, fragen die Leute. Weihbischof Hauke kann sich vorstellen, zum Beispiel »alle 42 Besitzer eines Urnenplatzes von Säule 15« zu einem Vortrag einzuladen und ihnen damit die Gelegenheit zu bieten, sich kennenzulernen.

Zur Zeit experimentiert die Kirchengemeinde noch mit dem richtigen Maß zwischen der Einhaltung der Totenruhe und dem Wunsch nach öffentlichem Zugang zu der neuen »Friedhofs-Kirche«, die von den Geschäftsleuten in der Fußgängerzone übrigens vorbehaltlos angenommen wurde. Die Besitzer eines Platzes im Kolumbarium können diesen abgegrenzten Urnenbereich jederzeit mit einem Chip passieren, die übrige Kirche ist stundenweise geöffnet. Großen Zulauf gibt es beim monatlichen Totengedenken, einer anderen innovativen Idee des Weihbischofs. Es ist eine Feier für alle, deren Toten anonym oder weit entfernt begraben wurden. Wieder sind ausdrücklich auch Nichtchristen eingeladen, den Namen ihres Verstorbenen während eines besonderen Rituals mit Kerzenprozession und Weihrauch in ein großes, repräsentatives Buch einzutragen. »Wenn der Name nicht auf einem Stein eingemeißelt ist, schreiben wir ihn eben in ein Buch«, meint Hauke pragmatisch.

Als Trendsetter möchte sich der Weihbischof nicht sehen, wohl aber als jemand, der ungewöhnliche Wege beschreitet und dann sagt, »seht mal, es geht«. Entscheidend dafür ist, dass sein katholischer Dienstherr Bischof Dr. Joachim Wanke ihm dafür den Rücken freihält. »Er sagte einfach zu mir: ›Probieren wir es aus.‹«

Der Vordenker (evangelisch): Dr. Hermann Barth, Präsident des Kirchenamtes der Evangelischen Kirche in Hannover

Von Ihnen gibt es ein Diskussionspapier über die Herausforderungen evangelischer Bestattungskultur. Was ist die Kernaussage?

Dass wir eine deutliche Qualitätsverbesserung brauchen. Lange Zeit waren die Angebote einzelner Personen oder Institutionen rund um eine Bestattung so bescheiden, dass die christlichen Kirchen es mit ihren Traditionen noch leicht hatten. In den letzten 25 Jahren aber hat sich so viel getan, dass wir unsere Rolle auf diesem Gebiet deutlich überdenken und ausbauen müssen. Alles ist in Bewegung geraten. Freie Theologen sind sehr kreativ in dem, was sie den Trauernden anbieten, Bestatter überzeugen mit einer Fülle von Dienstleistungen. Da ist ein richtiger Wettbewerb entstanden. Damit sind wir ungeheuer gefordert, es bieten sich auch ungeahnte Chancen.

Die Kirche soll also flexibler werden?

Wenn die Menschen mehr Mitsprache an der Bestattungsfeier haben wollen, ist das nicht nur Ausdruck einer Überindividualisierung, sondern Ausdruck eines Widerstands gegen die Anonymisierung des Sterbens und der Bestattung. Für uns ist die Frage, können und wollen wir alles machen, was die Angehörigen wollen? Wir sollten einerseits Treue bei unseren eigenen Glaubensüberzeugungen zeigen, aber auch auf die Bedürfnisse der Menschen eingehen. Viele unserer Pfarrer besitzen eine souveräne innere Freiheit und entscheiden danach, aber es gibt wie überall auch bei uns Kleinlichkeit.

Warum ist eine Bestattung heute so selten mit einem Trauergottesdienst in der Kirche verbunden?

Ich erinnere mich, wie es in den 50er Jahren für mich als Kind selbstverständlich war, einen Toten in der Kirche zu verabschieden. Häufig gab es auch gar keine anderen Räume. Auf dem Land ist das ja auch zum Teil heute noch so. Es waren dann praktische Erwägungen, die Abschiedszeremonie in die oft neu entstandenen Trauerhallen oder Kapellen der Friedhöfe zu verlegen. Der Sarg steht ja meist schon dort und die Wege zum Grab sind kurz. Wenn wir uns in der Kirche versammeln, ist das aufwendig und teurer. Der Sarg muss vom Kühlraum des Friedhofs oder eines Bestatters zur Kirche und danach wieder zum Friedhof gefahren werden, auch die Trauergäste und der Pfarrer brauchen Zeit, um zum Friedhof zu kommen. Da passiert es nicht selten, dass Trauernde nach einer Stunde in der Kirche sagen, ach, das schenke ich mir jetzt, auf den Friedhof gehe ich nicht mehr mit. Das ist für die Angehörigen sehr schmerzlich.

Also werden die Kirchen weiterhin selten genutzt?

Nein, es ist schon ein Trend zur Trauerfeier in der Kirche zu erkennen. Ich selbst bin ein leidenschaftlicher Befürworter einer größeren Nutzung der Kirche. Die Aura eines Kirchenraumes kann durch nichts anderes ersetzt werden. Diese Räume sollten wir auch den »kirchlich ungeübten« Menschen verstärkt anbieten und sie wieder deutlicher als öffentliche Erinnerungsräume für die Toten anbieten.

Könnten Sie für ein besseres Angebot nicht auch einen höheren Preis verlangen?

Das ist nicht so einfach. All jene, die ihr Leben lang Kirchensteuer bezahlt haben, wollen von uns zur Taufe, Hochzeit und beim Begräbnis begleitet werden. Das gilt auch für die meisten »treuen Kirchenfernen« oder »Distanzierten«, wie wir sie nennen. Und die sagen alle, »warum soll ich noch mal extra für etwas bezahlen, wenn ich doch immer Steuern bezahlt habe«.

Auf welche Begleitung nach dem Tod können sich die Menschen denn bei Ihnen verlassen?

Wir wünschen uns, dass wir als Evangelische Kirche den

ganzen Trauerprozess begleiten. Das geht schon in der Zeit los, wenn der Tod sich anbahnt, wenn die Menschen erkennen, dass sie sterben werden, wenn für die Angehörigen der Tod ins Leben hineinragt. Wir sollten ihnen beistehen, wenn der Tod eine bestimmende Macht wird. Nach der Bestattung geht die Nachsorge weiter, wenn wir beim nächsten Sonntagsgottesdienst an die Verstorbenen der Woche erinnern. Erst recht wichtig ist es, die Angehörigen ein Vierteljahr nach dem Todesfall zu besuchen. Wie oft hat mir in meiner Zeit als Pfarrer ein Hinterbliebener gesagt, »das Schlimmste ist morgens allein am Tisch zu sitzen«. Diese Zeit braucht es erst einmal, um die Trauer zu spüren und zu durchleben. Natürlich werden viele unserer Pfarrer sagen: »Wie sollen wir denn das alles auch noch leisten?« Da müssen wir uns fragen, was ist wichtiger? Was sind die Arbeiten, die uns so viel Zeit kosten? Wie können wir das besser organisieren? Sicher ist, dass wir in der Evangelischen Kirche die Aus- und Fortbildung verstärken müssen, um eine zugewandte und seelennahe Bestattungspraxis zu gewährleisten.

Wie gehen Sie mit der Frage um, ob die evangelische Kirche auch aus der Kirche ausgetretene Menschen beerdigen sollte, falls die Angehörigen dies wünschen?

Dies ist noch ein großer Differenzpunkt innerhalb unserer Kirche. Ich habe da eine wohl wagemutige Auffassung, wenn ich frage, wem dient die Beerdigung denn, wenn nicht den Trauernden? Soll man die Bitte einer protestantischen Familie um diesen seelsorglichen Dienst verweigern, weil der Verstorbene keine Kirchenmitgliedschaft mehr besaß? Noch schwieriger ist die zunehmend in Großstädten auftauchende Situation, dass Nichtkirchenmitglieder für Nichtkirchenmitglieder um eine kirchliche Bestattung bitten. Manche Pfarrer werden das aus Überzeugung, manche aus Besitzdenken ablehnen, andere sehen darin auch missionarische Möglichkeiten. Immerhin steckt ja die Ansicht dahinter, »die Kirche versteht etwas von Sterbebegleitung, Tod und Trauerbegleitung«. Dass man uns diese Kompetenz auch in kirchenfernen Kreisen zutraut, ist ein hohes Gut. Ich würde sagen: Vertrauen durch Erproben.

Wichtig aber wird immer die Frage sein: Hätte der Tote dies auch gewollt oder steht eine zu Lebzeiten geäußerte Meinung dagegen, und habe ich die Möglichkeit, das Verhältnis des Verstorbenen zur Kirche offen anzusprechen?

Wie sieht es bei den Protestanten aus? Werden die Verstorbenen namentlich angesprochen und ihr Leben gewürdigt?

Das ist oft gar nicht so einfach, wenn wir den Menschen selbst nicht kannten. Es sollte aber keine Ansprache ohne eine deutliche Erkennbarkeit, wer dieser Mensch war, geben. Ich selbst habe als Pfarrer nie einfach die Darstellung des Lebens gepflegt oder einen Lebenslauf übernommen. Stattdessen habe ich im Gespräch mit den Angehörigen immer nach etwas gesucht, was nur auf diesen Menschen passt, zwei, drei Dinge, die mir charakteristisch für dieses Leben schienen. Aber auch da kommen oft Zweifel. Schöne ich da etwas, habe ich nur etwas aufgeschnappt, sind die Angehörigen ehrlich oder war die Information ganz berechnend? In jedem Fall muss ich mir eine gute Stunde Zeit nehmen, wenn ich die trauernde Familie besuche, um mir ein Bild von dem Verstorbenen machen zu können.

Der Praktiker: Steffen Welz, Pfarrer der evangelischen Sankt Matthäus-Kirche, München

»Unsere Pfarrei ist ausschließlich für den Sprengel hier mitten in der Münchner Innenstadt zuständig. Das sind 4000 Seelen, wie die Kirche sagt, aber es gibt nur 30 bis 40 Bestattungen im Jahr. Das ist verhältnismäßig wenig für so ein großes Gebiet, aber hier sind sehr viele Geschäfte, Unternehmen, Kliniken oder Gasthäuser und wenig Wohnungen. Kürzlich bekam ich einen Anruf aus einem anderen Stadtteil. Eine ältere Frau sei gestorben und habe verfügt, sie wolle ausdrücklich von mir beerdigt werden. Das habe sie vor zehn Jahren mit mir vereinbart. Ich konnte mich nicht mehr erinnern, aber versprochen ist versprochen.

Wenn ich vom Tod eines Kirchenmitglieds erfahre, gehe ich – genau wie in ihrem Fall – immer bei den Angehörigen vorbei, um mehr über den verstorbenen Menschen zu erfahren, den ich ja oft gar nicht gekannt habe. Häufig sind die Angehörigen unter Schock und können sich nur schwer auf ein Gespräch einlassen. Aber wenn wir uns in ihrer vertrauten Umgebung treffen, haben sie wenigstens einen Heimvorteil. Ich treffe so gut wie nie auf den Toten selbst, der ist meist schon in den Kühlräumen des Friedhofs oder Krematoriums. Es war ganz ungewöhnlich, als neulich einmal eine Frau zu mir sagte, ›möchten Sie vielleicht mit nach nebenan kommen, meinen toten Mann sehen?‹. Oft werden mir aber Fotos des Toten gezeigt oder ein Lebenslauf. Ich versuche dann, etwas Konkretes zu erfahren. Was für ein Mensch war es? Was hat er gemocht, mit was hat er sich beschäftigt, was waren seine Schwächen? Hatte er oder sie Angst vor dem Tod? Ist darüber gesprochen worden?

Manche Leute haben zu Lebzeiten alles minuziös geplant, haben den gesamten Ablauf der Beerdigung bis hin zur Musik festgelegt. Bei etwa einem Drittel aber stellt sich heraus, dass – oft sogar bei schwerer Krankheit – niemals über den Tod und die Vorstellungen zum Begräbnis gesprochen worden ist. Ich bin immer wieder erstaunt, wie stark viele Menschen den Tod verdrängen. Die meisten sagen mir, ich möchte mal ganz schnell, einfach so im Bett sterben. Aber das ist nicht die Realität. 90 Prozent der Menschen sterben einen schweren Tod.

Manche sind unsicher im Umgang mit der Kirche. ›Wissen Sie, mein Mann war kein großer Kirchgänger‹, sagen sie dann und sind erleichtert, wenn ich sie beruhige. Einer sagte mal zu mir: ›Ich glaub' zwar nicht an die Auferstehung der Toten, aber erwähnen Sie es doch mal besser bei der Beerdigung!‹ Das hat mir gefallen, diese vorsichtige Rückversicherung. Ich sage den Menschen dann, dass auch ich es nicht beweisen kann, ob es weitergeht.

Meine traurigste Beerdigung hatte ich kürzlich, als ich vergebens versuchte, Angehörige zu erreichen und auch unter der letzten Adresse niemanden vorfand. Nicht einmal einen Nachbarn konnte ich sprechen. Tatsächlich kam dann auch niemand zur Beerdigung. Nur der Mesner mit dem Kreuz, die Sargträger mit dem Sarg und ich waren da. Da blieben mir nur ein Vaterunser und der Sterbesegen. Das muss ein sehr einsamer Mensch gewesen sein. Dass auch kein Kollege oder Nachbar dabei war, ist schon ein Symptom unserer Zeit. Die Leute haben oft vergessen, dass man einen Toten auf dem letzten Weg begleitet. Oft wird auch nicht mehr gesungen, viele können die Kirchenlieder nicht, die unsere Kirche für eine Beerdigung empfiehlt. Ich finde es aber völlig in Ordnung, wenn die Trauernden ihre eigene Musik spielen lassen möchten. Ich habe dabei allerdings schon groteske Szenen erlebt, wenn etwa eine alte Kassette leiert und alles verzerrt klingt.

Ich mache Beerdigungen sehr gern und bereite mich so gut wie möglich darauf vor. Leider sind die Abschiedszeiten in den Trauerhallen ja im 20-Minuten-Rhythmus festgelegt, da bleibt nur wenig Spielraum. Ich bin auch schon wütend geworden, als der Schaffner (Angestellter, der auf den Einsatz der Musik oder Orgel achtet) hinten nervös mit den Fingern trommelte, weil es ihm nicht schnell genug ging. So etwas geht einfach nicht. Diese Schaffner treten dann am Ende auch vor, wenn sich der Vorhang vor dem Sarg oder der Urne schließt und mancher poltert einfach drauflos: ›Die Trauerfeier ist zu Ende.‹ Das ist mir peinlich, und so übernehme ich oft selbst die Regie.

In meiner Rede nenne ich die Tote oder den Toten beim Namen und spreche auch die Angehörigen an. Ich muss den Leuten vertrauen und glauben, was sie mir berichtet haben. Natürlich kann es sein, dass da manches geschönt wird, aber so wird es eben geschildert. Einmal kam ein Mann auf mich zu und sagte: ›Das stimmt doch gar nicht, was Sie da erzählt haben, der war ja ganz anders.‹ Ich bemühe mich, über das Gute im Leben des Verstorbenen zu sprechen, aber verschweige auch das Dunkle nicht. Beim letzten Geleit besteht für jeden die Möglichkeit, Frieden mit dem Verstorbenen zu schließen, falls sich zu dessen Lebzeiten nicht die Gelegenheit dazu bot.

Ich bestatte nicht nur Kirchensteuer zahlende evangelische

Christen. Grundsätzlich ist es so: Wer ausgetreten ist, hat keine Pflichten gegenüber der Kirche, aber auch keine Rechte mehr. Wenn ich aber dennoch um Beistand gebeten werde, überlege ich, was hätte denn Jesus wohl getan? Dann frage ich die Angehörigen, die oft selbst noch in der Kirche sind, ob es denn der verstorbenen Person recht gewesen wäre, kirchlich begleitet zu werden, oder ob dies gegen ihren Willen wäre. Dann würde ich es nicht machen. Als ich mal einen Vorgesetzten nach dem richtigen Vorgehen in einem solchen Fall gefragt habe, riet er mir, ohne Talar mitzugehen. Aber das mache ich nicht, es soll keine Beerdigung zweiter Klasse sein. Allerdings spreche ich um der Klarheit willen am Grab aus, dass der Verstorbene nicht mehr in der Kirche war.«

Der Kritische: Anton Aschenbrenner, ehemaliger katholischer Pfarrer, Waldkirchen

Gleich in den ersten Jahren als junger katholischer Pfarrer in Niederbayern wurde Anton Aschenbrenner eine denkwürdige Lektion erteilt. Wenn es einen Trauerfall in seiner Gemeinde gab, hatte er die Angewohnheit, zunächst in Ruhe mit den Hinterbliebenen zu sprechen und sich dabei ein Bild von der verstorbenen Person zu machen. In seinen Reden stellte er dann vor allem die Besonderheiten heraus, die diesen Menschen ausgezeichnet hatten. Doch seinem Vorgesetzten passte das gar nicht. »Er hat nicht von den Menschen zu predigen!«, hieß es, sondern »von der christlichen Lehre«.

Diesem ersten Konfliktpunkt folgte ein sehr viel größerer, seine langjährige, zunächst unausgesprochen tolerierte Beziehung zu einer Frau. Das Paar heiratete schließlich auch, als es ein gemeinsames Kind erwartete. Es folgte die Suspendierung als katholischer Pfarrer und die schwierige Suche nach einer neuen Existenz. Inzwischen findet Aschenbrenner sein Auskommen als freischaffender Theologe, der weltliche Hochzeitsfeiern für jene ausrichtet, denen das Standesamt allein zu wenig ist, der Pilgerwege mit kleinen Gruppen erwandert,

Erholungstage für Trauernde anbietet und Trauerfeiern ausrichtet – als Zeremonienmeister und Trauerredner. Außerdem hat er zusammen mit dem jungen Bestatter Manuel Kasberger aus Passau das Unternehmen »Trauerwald« gegründet, das ähnlich wie ein Friedwald oder Ruheforst eine Bestattung in freier Natur anbietet.

Nach mehreren hundert Beerdigungen während seiner 15-jährigen Dienstzeit als katholischer Pfarrer besitzt Aschenbrenner eine Ahnung von dem, was Menschen sich wünschen. Er beobachtet ein starkes Bedürfnis der Trauernden, sich in Ruhe von dem Toten zu verabschieden. »Die gängige Praxis aber macht es ihnen häufig sehr schwer. Das Krankenhaus ruft sofort den Bestatter an, und der Tote wird in kürzester Zeit ›verräumt‹. Wenn die Angehörigen noch in der Klinik oder später den Bestatter bitten, den Toten noch mal zu sehen, heiße es oft ›das passt jetzt leider gar nicht‹.« Aber es gibt auch Aufwind in der Bestattungsszene, wie der Theologe dankbar registriert. »Menschen möchten in ihrer Ganzheit gesehen und als Tote gewürdigt werden. Die Angehörigen wiederum suchen Trost, den ich ihnen auch geben möchte.« Wenn er heute als Trauerredner auftrete, unterscheide sich das fundamental von seiner Zeit als katholischer Pfarrer. »Ich muss nicht mehr missionieren. Ich will keine Theorie mehr über das Jenseits verkünden, sondern zuhören, was die Angehörigen mir erzählen.« Er würde auch keine Messe mehr in der Kirche halten und »Gott verherrlichen, während der Tote draußen in der Kälte liegt«. Stattdessen freut er sich über schön gestaltete und möglichst auch warme Trauerräume, in denen eine gute Atmosphäre den Abschied von dem Toten erleichtere. »Ich verwende viele Symbole in meiner Ansprache und binde die Trauernden, wenn sie es möchten, in kleine Rituale ein. Das ist mir sehr wichtig. Denn wenn ich einem Verstorbenen eine würdige Beisetzung ermögliche, ehre ich zum einen sein Lebenswerk, zum anderen helfe ich den Angehörigen, ihre Trauer zu leben.«

Aschenbrenner setzt sich damit deutlich von den Vorstellungen der Katholischen Kirche ab, bei der weiterhin Flügelkämpfe zwischen liberaleren Vorkämpfern und konservativen Bewahrern herrschen.

So machte 2004 der langjährige Vorsitzende der Deutschen katholischen Bischofskonferenz, Karl Kardinal Lehmann, im Vorwort zur »Orientierungshilfe Bestattung« eine liberale Vorgabe: »Die persönlichen Lebensdaten und das Lebensschicksal können im Ritus der Bestattung, in der Ansprache sowie in den Liedern und Gebeten ihren Raum finden. Gerade die Namensnennung in den liturgischen Gebeten macht deutlich, dass der Verstorbene nicht in die Anonymität des Vergessens fallen wird.« In der »Pastoralen Handreichung zum Umgang mit Tod und Begräbnis« des katholischen Bistums Trier, herausgegeben von dem jetzt dem Erzbistum München vorstehenden Bischof Reinhard Marx, heißt es dagegen 2007: »Bei der Predigt, die in der Heiligen Messe für einen Verstorbenen nicht fehlen sollte, soll der Aspekt der christlichen Hoffnung im Vordergrund stehen und nicht der Lebenslauf oder der Charakter des Toten. Es sollte vermieden werden, über den Verstorbenen persönliche Aussagen zu machen, die man nur aus dem Kondolenzgespräch weiß und nicht selbst verifizieren kann. Angesichts des Todes sind wir sensibel für die Trauer der Menschen, verkünden ihnen aber vor allem das neue Leben in Christus.«

Auch in der Evangelischen Kirche gibt es viele Beispiele dafür, dass der Name der Toten nur in vorgefertigte »Bestattungsworte« eingesetzt wird, ohne auf den Menschen richtig einzugehen. Das liest sich in der Bestattungsagende der Evangelischen Kirche Baden-Württemberg (neben einer guten Auswahl von Klage- und Vertrauenspsalmen) dann so:

»Gott, der Herr über Leben und Tod,
hat … aus diesem Leben gerufen.
Wir legen ihren Leib in dieses Grab.
Erde zur Erde, Asche zur Asche, Staub zum Staube.
Wir befehlen … in Gottes Hand.
Jesus Christus wird sie auferwecken an seinem Tag.
Er sei ihr gnädig im Gericht
und nehme sie auf in seine ewige Gemeinschaft.«

Erfahrungen mit kirchlichen Bestattungen

Antje, 34 Jahre
»Ich habe bisher nur misslungene Beerdigungen erlebt und fand die christlich-salbungsvollen und unpersönlichen Worte von Pfarrern ziemlich unerträglich. Das Persönlichste, was ein Pfarrer z. B. über meinen verstorbenen Onkel sagte, war, dass er mit einer evangelischen Frau verheiratet, aber dennoch ein guter Katholik gewesen sei. Es war so absurd.«

Fabienne, 55 Jahre
»Was mich in die evangelische Kirche zurückführte, waren Erfahrungen mit zwei ›alternativen‹ Beerdigungen. Obwohl es schöne Abschiede waren, wurde mir plötzlich klar, ich möchte eines Tages Gott bei meiner Beerdigung dabeihaben. Mein Grundglaube als Kind war, dass Gott Liebe ist, und dieses alte Gottvertrauen war nie richtig weg.«

Ewald, 58 Jahre*
»Schon bei meinem Vater hatte ich mich so über die nichtssagende Rede des Pfarrers geärgert. Als dann überraschend meine Schwester starb, haben wir uns extra zu mehreren um den Tisch gehockt, als der Pfarrer am Tag vor der Beerdigung seine Aufwartung machte. Er schien aufmerksam zuzuhören und fragte sogar nach den Hobbys unserer Schwester. Ich hätte hellhörig werden müssen, als er sich keinerlei Notizen machte. Und tatsächlich leierte er auf dem Friedhof nur die üblichen Formeln herunter und fügte hin und wieder »unsere liebe Schwester« hinzu. Immer wieder ging es darum, ins Himmelreich einzugehen. Klang wirklich so, als sei es ein Geschenk, zu sterben, um endlich dort hinzukommen.«

Der Abschied bei Muslimen, Juden, Buddhisten und Hindus in Deutschland

Eine Familie aus Thailand, zwei Polinnen, ein älteres Ehepaar aus der Türkei und eine Wohngemeinschaft junger Deutscher: Immer öfter wohnen Menschen ganz unterschiedlicher Herkunft und verschiedenen Glaubens bei uns Tür an Tür. Vielleicht trifft man sich nur beim Sommerfest im Hinterhof, vielleicht aber gibt es auch einmal einen ernsteren Anlass und man wird beim Tod des Kollegen oder der Nachbarin zur Beerdigung eingeladen. Deshalb ein kurzer Überblick über Bestattungsrituale der neben dem Christentum am häufigsten vertretenen Glaubensrichtungen: Islam, Judentum, Buddhismus und Hinduismus.

Muslime und Juden haben sehr genaue und zum Teil ähnliche Bestattungsvorschriften wie etwa die Bestattung innerhalb von 24 Stunden und das Recht des Verstorbenen auf ewige Ruhe. Aber nur die Juden besitzen die deutschen »Körperschaftsrechte«[2] und können eigene Friedhöfe mit ewigem Ruherecht einrichten. Die schnelle Bestattung ist bei uns für alle verboten. Da wundert es nicht, dass rund 90 Prozent der hier verstorbenen Muslime in ihrem Heimatland beerdigt werden. Die Bindung durch dortige Verwandte und neue Ehepartner ist stark, und vor allem werden in den anatolischen Heimatdörfern oft kostenlose Grabstellen zur Verfügung gestellt. Im Sinne weiterer muslimischer Vorschriften wurden inzwischen einige Friedhofsverordnungen deutscher Großstädte angepasst und eigene muslimische Grabfelder eingerichtet. Einzelne Bundesländer erlauben auch die Bestattung in Tüchern bzw. im geöffneten Sarg (siehe auch »Das Bestattungsrecht in

2 Die Übersicht »Welche Religionsgemeinschaft besitzt in Deutschland die Körperschaftsrechte?« findet sich im Internet unter: www.bmi.bund.de/cln_028/nn_121560/Internet/Content/Themen/Kirchen_und_Religionsgemeinschaften/Einzelseiten/Liste_Koerperschaft_Religionsgemeinschaften.html

den einzelnen Bundesländern«). Die vorgeschriebenen rituellen Waschungen und Totengebete werden bei uns häufig in Räumen der Moscheen oder auf entsprechend ausgestatteten Friedhöfen durchgeführt. Dort sind die Grabfelder auch so ausgerichtet, dass das Gesicht des Toten in Richtung Mekka schaut. Corinna Kuhnen, Fachfrau für Bestattungsbräuche eingewanderter Religionsgruppen in Bremen, hat herausgefunden, dass Beerdigungen im Tuch gar nicht so oft in Anspruch genommen werden. Städte wie Essen oder Aachen hätten bereits langjährige Erfahrungen damit. »Dort findet nur jede zehnte Bestattung ohne Sarg statt.« Es gebe eben doch eine »rege Anpassung an das, was der Nachbar macht«, meint die Religionswissenschaftlerin. Dazu beitragen würden auch einige Gutachten islamischer Gelehrter, nach denen die Sargbestattung inzwischen erlaubt wird.

Bei den anatolischen Türken gehen die Frauen nicht mit zur Beerdigung, bei anderen Muslimen, wie etwa den iranischen, jedoch schon. Nach dieser Gepflogenheit sollte man sich vor dem Besuch einer islamischen Beerdigung erkundigen, auch danach, ob man in der Trauerfarbe Weiß oder auch in Schwarz oder Grau daran teilnehmen sollte. Eine wichtige Rolle spielt die Zeit der Trauer. Besuche zu Hause werden ebenso erwartet wie das Mitbringen von Speisen. »Eine Einladung zum Essen am Ende der offiziellen Trauerzeit, am 49. Tag nach dem Tod, gilt als Ehre«, sagt Corinna Kuhnen. Nachdem in der Trauerphase nur ungesüßter Tee getrunken wurde, gibt es zum Abschluss traditionell etwas Süßes.

Auch die Juden kennen die Sitte, den trauernden Angehörigen gekochtes Essen vorbeizubringen, denn in der Trauerwoche sollte niemand von ihnen arbeiten. Aus diesem Grund hat sich in manchen Gemeinden auch ein schönes Ritual erhalten, um die Familie finanziell zu unterstützen. Sie erhält zwei gefüllte Spardosen und entnimmt aus einer so viel Geld, wie sie benötigt. Falls etwas übrig ist, kommt es in die zweite geschlossene Spardose. Viele geben auch das ganze Geld zurück oder tun sogar noch etwas dazu. Niemand weiß bei der Rückgabe, ob und wie viel Geld die Angehörigen genommen haben. Ein weiterer Brauch ist das Zerreißen der Kleider zum Zeichen der Trauer, das heute oft in Form eines kleinen Risses am Halsausschnitt zelebriert wird. Da die jüdischen Gemeinden erst dank des Zuzugs osteuropäischer Juden wieder ein wenig wachsen konnten – Schätzungen sprechen von etwa 120 000 Deutschen jüdischen Glaubens – verändern sich etwa unter den russlanddeutschen Juden die eigentlich schlichten Begräbnisrituale mit Waschung und Gebeten. Sie werden »pompöser«, wie Corinna Kuhnen beobachtet. Obwohl nach jüdischer Auffassung weder Kränze noch Grabpflege und nur einfache weiße Totenkleidung erwünscht sind, werden Tote heute öfter in Uniform und mit Orden bestattet. Es gibt sehr viel Blumenschmuck und auffällige Grabsteine mit kyrillischer Inschrift und Fotos der Verstorbenen. Zum Zeichen des Gedenkens legen alle Juden beim Besuch des Grabes kleine Steine auf dem Grabmal ab.

So wie bei Juden und Muslimen eine Verbrennung offiziell verboten ist, ist es bei Buddhisten und Hindus umgekehrt üblich. Und so streng die Bestattungsgesetze bei ersteren sind, so liberal sind sie gerade bei Buddhisten. »Die Familie bestimmt, wie eine Beerdigung abläuft«, sagt Corinna Kuhnen. Die Religionswissenschaftlerin hat vor allem die Tradition der Vietnamesen und Thailänder beobachtet, die mit rund 80 000 und 40 000 Glaubensanhängern die größten buddhistischen Bevölkerungsgruppen bei uns bilden. »Da es kaum Mönche in Deutschland gibt, verabschieden die Thailänder ihre Toten häufig ohne deren Beistand.« Die zu Pagoden umfunktionierten kleinen Häuser am Rande unserer Städte haben oft zu wenig Platz, so dass ein geeigneter Raum für den Abschied gemietet werden muss. Die Trauerfeiern laufen sehr individuell ab, es kann gebetet und gesungen werden. »Die Vietnamesen wiederum sind zentralistisch organisiert«, sagt Kuhnen. »Sie verabschieden ihre Toten oft in der größten deutschen Pagode in Hannover. Damit alle kommen können, wird der Termin häufig auf abends verlegt.« Die trauernde Familie trägt weiße Stirnbänder, Hüte und Kleidung, die Trauergäste können in jeder Farbe kommen. Der Tote wird in schöne traditionelle Gewänder gehüllt, der Sarg mit einer bunten Decke bedeckt.

Der Hinduismus in Deutschland wird vor allem von Tamilen aus Sri Lanka und Indern repräsentiert. Es sind zusammen etwa 100 000 Menschen, die kaum überregionale Verbindungen haben. Rituale und Andachten werden häufig zu Hause durchgeführt. Erst allmählich entstehen hinduistische Tempel, die entsprechende Feiern im größeren Rahmen erlauben. Manchmal werden Totenpriester aus der Heimat eingeflogen, im Allgemeinen aber übernehmen die Älteren den Abschied. Die Toten werden gewaschen, geölt und schön eingekleidet, dann werden ihnen einige Reiskörner als Wegzehrung auf die Lippen gelegt. Ganz wichtig sind Blumen. »Blumen stehen für das Leben, oft wird der ganze Raum damit geschmückt«, sagt Corinna Kuhnen. Eigentlich sollten Hindus sofort nach der Feier verbrannt werden, was in den deutschen Krematorien oft nicht möglich ist. »Wer einen verstorbenen Hindu gekannt hat, sollte unbedingt an der Bestattungsfeier teilnehmen«, rät Kuhnen. »Wer kommen kann, kommt. Zwei- bis dreihundert Trauergäste sind keine Seltenheit.« Allgemein sei es bei allen Migrantengruppen in Deutschland üblich, viele Menschen zur Beerdigung einzuladen. »Daher ist der Geräuschpegel bei den Trauerfeiern auch sehr viel höher, als wir es gewohnt sind.«

Die Sozialbestattung

Sogenannte »Soziale Bestattungen« nehmen drastisch zu – für Menschen, die ohne zahlungsfähige Angehörige und selbst so arm waren, dass sie eine Bestattung »von Amts wegen« bekommen. Die Stadt Berlin musste 2006 fast jedes zehnte Begräbnis mit durchschnittlich 1000 Euro unterstützen. Das waren bei 2600 Todesfällen Kosten von 2,5 Millionen Euro. In München gab es 2007 rund 400 Sozialbestattungen, in Dresden 300, in Bremen 270. Die einsamen Toten werden in der Regel eingeäschert und die Urnen meist anonym für zehn Jahre in Sammelnischen oder Gräbern aufgehoben.

Bei der Tagung »Verarmt, verscharrt, vergessen« 2007 in München berichtete ein Bestatter aus Nordrhein-Westfalen, dass es oft ethische Probleme mit Sozialbestattungen gebe. Das Sterbeamt in seiner Stadt habe zum Beispiel auf einer Einäscherung und Verstreuung der Asche in den Niederlanden bestanden, obwohl gar keine Unterschrift des Verstorbenen dafür vorlag, wie das Gesetz das vorschreibe. Erst nach mehrmaliger Intervention habe man den Kurs geändert und bestehe nicht mehr auf der billigsten Verbrennung.

Auch den Kirchen bereiten die stark zunehmenden Sozialbestattungen Kopfzerbrechen. Weihbischof Reinhard Hauke in Erfurt meint: »Mit 2600 Euro Schonbetrag ist für Sozialhilfebezieher heute keine normale Erdbestattung mehr möglich. Wie bekomme ich da einen katholischen Christen anständig begraben?« Akademische Diskussionen über den Vorrang von Erdbestattung vor der Verbrennung kann er sich nicht leisten. »Bei der Stadt Erfurt heißt es einfach ›namenlos unter Rosen‹, weil das die billigste Bestattungsart ist.« Hauke hat ausgehandelt, dass für einen überschaubaren Betrag zumindest ein Namensschild des Toten auf einer Gemeinschaftsstele angebracht wird. In Erfurt haben sich auch Freiwillige zusammengetan, die die Pfarrer immer dann bei einer Bestattung begleiten, wenn Verstorbene keinerlei Anhang haben.

Beim Modellprojekt »Letztes Geleit« der Evangelischen Kirche in Bremen wird eine bestimmte Anzahl von Urnen gesammelt, um für die Verstorbenen eine gemeinsame Feier möglich zu machen. Sie werden auf dem Friedhof in Bremen-Osterholz bestattet und dabei von Mitgliedern der Initiative begleitet. Die Evangelische Kirche Berlin-Brandenburg hat wegen der sich häufenden Sozialbestattungen bereits eine Handreichung für die einzelnen Pfarreien herausgebracht. Darin wird etwa darauf hingewiesen, dass die mittellosen Angehörigen bei einer Sozialbestattung oft nicht einmal informiert werden, wann die anonyme Bestattung stattfindet. Die Begründung laute: »Bei einer Bestattung unter dem grünen Rasen leidet der Rasen zu sehr, wenn Publikum zugelassen wird!« Die Kirche moniert weiter, dass oft nur nach zahlungskräftigen Angehörigen gefahndet wird und gar nicht nach Freunden und Bekannten. In Berlin informieren inzwischen sogar einige Pfarrer und Bestattungsunternehmen die anderen Hausbewohner vom Tod eines Mieters. Da hängt dann ein Zettel im Hausflur: »Wir haben die traurige Aufgabe, den Mietern dieses Hauses den Tod von ... anzuzeigen. Die Beerdigung findet am ... um ... Uhr auf dem Friedhof ... statt.«

Die Verbraucherinitiative Aeternitas hat wegen der Brisanz des Themas einen Ratgeber »Sozialbestattung heute« herausgebracht, in dem die Mindeststandards angegeben sind, aber auch die Rangfolge der »Kostentragungspflichtigen«. Das sind die Angehörigen, die vom Staat verpflichtet werden können, die Kosten einer Bestattung zu übernehmen. Dazu zählen die Ehe- und Lebenspartner/-innen, Kinder, Eltern, Geschwister, Enkelkinder und Großeltern. Selbst Erwachsene, die seit ihrer Kindheit keinen Kontakt mehr zum Vater hatten, weil dieser sie seelisch oder körperlich misshandelt hatte, wurden von Gerichten schon zur Zahlung der Bestattungskosten verpflichtet.

Die Broschüre weist aber auch auf den Paragraphen 74 SGB XII des Bundessozialhilfegesetzes hin, in dem es heißt: »Die erforderlichen Kosten einer Bestattung werden übernommen, soweit den hierzu Verpflichteten nicht zugemutet werden kann, die Kosten zu tragen.« Betroffene sollten also die konkreten Umstände schildern und für ihr Recht eintreten.

Freie Trauerredner

»Man muss in diesem Beruf gut zuhören können, und ich weiß aus Erfahrung, bei diesen Geständnissen ist Vorsicht angesagt, man darf nicht sofort nachbohren. Es sind meist die Erzählungen, die in die Beerdigungsreden kaum Eingang finden, die ich unterschlagen muss, die aber die eigentlich spannende Grundierung liefern, sie sind das Fundament. Man sieht es nicht, und doch trägt es das ganze Gebäude einer Grabrede, die sich nicht anbiedert oder gar schlicht lügt.«
(Aus dem Buch »Rot« von Uwe Timm)

Gleich mehrere hundert freie Trauerredner bieten heute ihre Dienste in Deutschland an, frei nach dem Motto Dietrich Bonhoeffers: »Das Wort, das dir hilft, kannst du dir nicht selber sagen.« Damit hat sich eine neue Tradition herausgebildet, die zunächst vor allem in der DDR gepflegt wurde. Inzwischen sind nach Schätzungen der Redner-Verbände zwei Drittel aller Trauerfeiern in den neuen Bundesländern, in Berlin und Hamburg frei gestaltet. Im Bundesdurchschnitt findet etwa jede dritte Trauerfeier mit einem Trauerredner statt. Je nach Ausrichtung übernimmt dieser sowohl die Gestaltung christlich-religiöser als auch interkultureller oder weltanschaulich ungebundener Abschiede (die Honorarempfehlungen der einzelnen Verbände liegen dafür zwischen 200 und 400 Euro).

Seit 1996 gibt es beispielsweise die Bundesarbeitsgemeinschaft Trauerfeier e. V. (BATF), die inzwischen 75 Mitglieder hat. Der Verband legt Wert darauf, dass nur gut qualifizierte Trauerredner diesen Beruf ausüben. Dafür seien Redegewandtheit, Lebenserfahrung, psychologisches Geschick, ein kulturwissenschaftliches Hintergrundwissen und die Fähigkeit zu selbstbewusstem Auftreten notwendig.

2001 entstand die Arbeitsgemeinschaft Freier Theologen (AGFT) als ein Zusammenschluss unabhängiger Theologen aus dem gesamten Bundesgebiet. Ziel war und ist es, »Qualitätsstandards für die Dienstleistungen im Bereich kirchenunabhängiger Zeremonien und Rituale zu entwickeln«.

Bereits seit 1990 haben sich nichtreligiöse Frauen und Männer im Deutschen Freidenker-Verband e.V. zusammengetan, um bei »konfessionsfreien, würdevollen, individuell gestalteten Bestattungen und Trauerfeiern zu sprechen«. Der Verband wirbt für seine weltlichen Redner mit dem Lob einer alten Dame: »Also Herr Pfarrer, det hamse sehr scheen jemacht. Aber det Scheenste von Sie war, det Se den janzen Kram von Himmel und lieber Jott wegjelassen ham.«

Darüber hinaus gibt es noch die Interessengemeinschaft der freien Bestattungs- und Feierredner (IFBF) mit Büro in Erlangen und einen Fachverband für weltliche Bestattungs- und Trauerkultur mit Sitz in Cottbus.

Die freien und weltlichen Trauerredner haben sich in den letzten Jahren erkennbar professionalisiert und gut organisiert, so dass man überall in Deutschland auf ihre Angebote zurückgreifen kann. Dazu zwei Beispiele:

»Rituale übersetzen Sprachlosigkeit in Sprache« Gisa Zeiß, Trauerrednerin, Fehmarn

Gisa Zeiß fährt oft von ihrem Heimatort auf der Insel Fehmarn über die Sundbrücke aufs Festland. Die freie Theologin ist ausgebildete Trauerbegleiterin, psychologische Beraterin, Hospiz-Dozentin und Palliativ-Care-Trainerin. Sie tritt als Rednerin bei Geburten, Hochzeiten und Bestattungen auf. Eben in allen »Lebenszyklen«, wie sie lachend sagt. Besonders erforscht hat sie den Umgang mit Sterben, Tod und Trauer in nichtchristlichen Religionen und beschreibt dies in dem Buch »Sterben und Trauer im Wandel«. Als Trauerrednerin ist Gisa Zeiß in ganz Ostholstein und Lübeck gefragt. Da die Menschen an der Küste oft den Wunsch nach einer Seebestattung haben, ist sie auch häufig auf dem Wasser dabei und gestaltet die jährlichen Gedenkfahrten als kollektives Trauerritual.

Von privaten Verbindungen und Empfehlungen abgesehen, arbeitet Zeiß mit einem festen Stamm von Bestattern zusammen. Die melden sich immer dann, wenn eine Familie oder ein Freundeskreis eine sogenannte weltliche Verabschiedung möchte oder auch explizit nach einer Trauerrednerin fragt.

»Ich binde die Bestatter bei der Trauerfeier gern ein, aber ansonsten müssen sie mich machen lassen, sonst übernehme ich den Auftrag nicht«, betont die Fehmaranerin. Ihre Fahrtkosten und ihr Honorar rechnet sie über die Bestatter ab.

Der Aufwand ist wegen der größeren Entfernungen beträchtlich. Gisa Zeiß vereinbart ein Treffen mit den Angehörigen, fährt zu ihnen und spricht mit ihnen so lange über den Verstorbenen, »bis der Funke überspringt«. Und wenn die Menschen das möchten, fährt sie auch noch ein zweites Mal zu ihnen. Im Augenblick des Todes falle es den Angehörigen doch sehr schwer, klare Entscheidungen zu treffen. Ihre Erfahrung: »Selbst wenn eine Krankheit vorausging, sind die Angehörigen so geschockt, dass sie eine Menge mit sich machen lassen.«

Zu Hause feilt Gisa Zeiß dann an ihrer Rede und überlegt sich, wie sie den verstorbenen Menschen am besten würdigen kann. »Ich denke und arbeite interkulturell und versuche, die passenden Worte zu finden. Das kann ein Gedicht von Hermann Hesse, ein philosophischer Text, aber auch ein Zitat aus der Bibel oder den anderen schriftlichen Glaubenszeugnissen der Weltreligionen sein. Ich frage die Angehörigen bei dem Trauergespräch auch immer, »was aus der Natur war dem Verstorbenen wichtig, welche Blume gefiel ihm am besten? Gibt es einen Gegenstand, der besonders zu ihm passt? Dies sind Dinge, die in die Gestaltung der Trauerfeier mit aufgenommen werden können. Ich verwende gern Symbole und Rituale bei meiner Ansprache, besonders, wenn Kinder unter den Trauergästen sind. Denn mit dem Thema Tod stoßen wir an eine Grenze, die unsere Vorstellungen übersteigt.« Begräbnis- und Trauerfeierrituale können zusammen mit Symbolen, so Zeiß, diese Situation besser ins Bewusstsein rücken und verstehbarer machen. Als Beispiel führt sie das von ihr gern durchgeführte »Kerzenritual« an: Alle zünden im Gedenken an den Verstorbenen eine Trauerkerze an, die sie nach der Zeremonie als Erinnerung mit nach Hause nehmen können. Oder es sind Schwimmkerzen, die alle Gäste vor Beginn der Trauerfeier anzünden und in eine große Glasschale mit Wasser hineinsetzen. »Das Licht symbolisiert die Hoffnung, dass der Verstorbene an ›einen lichtvollen Ort‹ gehen möge.«

Oft möchten auch die Angehörigen selbst ein Ritual gestalten oder etwas vortragen, sind jedoch unsicher. Dann schlägt Gisa Zeiß Arbeitsteilung vor: »Einer schreibt etwas auf, der andere trägt es vor und ich springe notfalls ein.«

Mit den Kirchen hat Gisa Zeiß in ihrer Arbeit oft weniger gute Erfahrungen gemacht, da diese den Menschen in ihrer Trauer häufig zu wenig zugewandt seien und »das Bodenpersonal der Kirchen« in der Regel zu starr nach Vorschrift handele. »Als ausgebildete Theologin vermute ich hier Defizite, da die Themen Sterben, Tod und Trauer kaum in der Ausbildung vorkommen.« Gisa Zeiß hat sich selbst in einem zweijährigen Kurs zur Trauerbegleitung weitergebildet, der von der Nordelbischen Kirche eigens für Pastoren konzipiert wurde. An dem Kurs hätten die verschiedensten Menschen teilgenommen, aber nur ein Pastor.

Gläubigen Menschen, die nach einer anderen Spiritualität und anderen Formen des Abschieds vom Leben suchen, sich dabei aber nicht von den oft verstaubten Vorstellungen einzelner Pfarrer abhängig machen möchten, bietet Zeiß »bei einer Trauerfeier an, christliche Gedanken und Zeremonien zu verwenden, ohne dass es eine kirchliche Feier wird«.

Wenn die Friedhofskapelle der Kirche und nicht der Gemeinde gehört, führt das nach der Erfahrung von Zeiß bei einer Trauerfeier für Nichtkirchenmitglieder oft zu unglaublichen Verboten. »Angehörige haben mir berichtet, dass der Probst untersagt habe, ein Vaterunser zu beten oder den Sarg mit dem Kreuz zu segnen. Andere Trauernde haben erlebt, dass in der Kapelle keine Altarkerzen angezündet werden durften und die Glocke schweigen musste. All das gibt es nur für Mitglieder der Kirche.«

»Das ist für mich ein Ehrenberuf«
Mart Meeuse, holländischer Trauerredner

Schon seine Selbstdarstellung auf der Internetseite der Bundesarbeitsgemeinschaft der Trauerredner (www.batf.de) ist sehr fürsorglich formuliert. »Ich stehe Ihnen mit Herz und Seele zur Verfügung ... akzeptiere die Wahrheiten der Hinterbliebenen.« Ja, und dann heißt es noch: »Ich stehe Ihnen auch an Sonnabenden, Sonntagen und Feiertagen gern zur Verfügung.« Wenn man mit Mart Meeuse spricht, gewinnt man den Eindruck, dass Worte und Person zusammenpassen. Er wirkt freundlich, bescheiden und zugewandt, wenn er über seine Arbeit als Trauerredner berichtet, die er als »Ehrenberuf« bezeichnet.

Mart Meeuse ist Niederländer und lebt ein paar Kilometer hinter der Aachener Grenze. Der 64-Jährige hat früher als Kaufmann und Vertreter für Bekleidungsfirmen gearbeitet, ehe er für längere Zeit krank wurde. Danach arbeitete er eine Weile als Sargträger für ein Bestattungsunternehmen und erlebte dort, dass die Trauernden beim letzten Abschied oft ohne Beistand waren, häufig sehr verloren wirkten und gern mit ihm redeten. Er entdeckte seine kommunikative Seite, sein »latentes Talent«, wie er es nennt, und machte sich 2004 als freier Trauerredner selbständig. In der Zeit als Sargträger hatte er all die Schwächen konventioneller Bestattungen kennengelernt und sich vorgenommen, so viel wie möglich besser zu machen. Er ist bei der Trauerfeier in der Kirche, im Krematorium oder auf dem Friedhof dabei, begleitet seine Auftraggeber während der Beerdigung auf Schritt und Tritt und sorgt dafür, dass alles möglichst ruhig und glatt abläuft. Von deutschen Bestattern wird er überwiegend angerufen, wenn die Feier im holländischen Krematorium stattfinden soll. Dabei geht es vielen darum, die Asche des Verstorbenen nach der Kremierung wieder in die eigenen Hände zu bekommen (siehe Kapitel »Umweg Niederlande«).

So bekommt Meeuse seine Aufträge sowohl auf der deutschen als auch auf der holländischen Seite und nimmt zum Teil weite Anfahrtswege auf sich, um nach einem Todesfall mit den

Angehörigen zu sprechen. »Meist kommen wir ins Erzählen. Das kann dann schon mal zwei, drei Stunden dauern«, meint der Trauerredner. Er fragt – wie in solchen Fällen üblich – wie der Tote gelebt und was er gemocht hat, wie er gestorben ist und was ihn nach Meinung seiner Angehörigen oder Freunde besonders auszeichnete. Zu Hause arbeitet er dann seine Rede aus, mal weltlich, mal christlich orientiert, je nach den Vorstellungen der Angehörigen des Verstorbenen. »Manche möchten eine ganz freie Ansprache, anderen gefällt es, wenn ich ein Gebet in meine Rede einbette.« Bei der Trauerfeier sei es ganz wichtig, früh genug da zu sein. »Es gibt immer noch etwas zu besprechen und zu organisieren. Ich kümmere mich um alles, um die Blumen, um die Musik. Fast alles, was die Menschen haben möchten, mache ich auch möglich.«

Wenn Meeuse die beiden Nachbarländer vergleicht, sieht er einige Vorteile in seiner Heimat. »Die holländischen Särge sind schöner und moderner und meist ganz schlicht gemacht.« Auch die Krematorien seien besser, und man bekomme schneller Termine. »Sie sind sehr schön angelegt, mit Cafés und großen Aulen. Das Personal ist immer freundlich. Die Abschiedsräume sind warm, haben gute Sitzgelegenheiten und eine gute technische Ausstattung«, berichtet er. »Man kann jede Art von Musik oder Filmen abspielen, eine Dia-Show oder Power-Point-Präsentation mit Bildern aus dem Leben des Verstorbenen zeigen. Die Feier kann auch über das Internet zu weit entfernten Freunden und Verwandten übertragen werden.«

»Ich habe schon viele schöne Abschiede miterlebt«, meint Meeuse. »Neulich hat sich eine Familie um den Sarg herumgesetzt. Sie haben ein Kerzen-Ritual gemacht und Bilder aus verschiedenen Lebensphasen des Verstorbenen gezeigt, gesungen und erzählt, haben den Sarg noch einmal mit nach draußen genommen, zusammen Kaffee getrunken und sich dann von dem Toten verabschiedet.« Dies sei immer die emotionalste Situation, wenn am Ende der Sarg über einen Lift nach unten in der Feueranlage verschwände. »Ein harter Moment des Abschieds.«

Beispiel für eine private Trauerrede
von Regine und Tom für den Vater und Großvater

(Regine)
Liebe Mami, liebe Familie, liebe Freunde,
mit meinem Vater und Toms Großvater ist ein ganz besonderer Mensch von uns gegangen. »Er ist jetzt nicht mehr da, wo er war – aber er ist überall, wo wir sind.«
Erst vor kurzem hat mir mein Vater in einer Lebenskrise erklärt: »Du hast ein sonniges Gemüt – das hast du von mir geerbt.« Prinzipiell erst mal an das Gute in der Welt zu glauben und die Dinge optimistisch anzugehen – das habe ich sicher von ihm geerbt. Und noch vieles mehr. Vielleicht auch ein Stückchen seiner Geduld. Eine endlose Geduld, die ihn auch in noch so schwierigen Situationen nicht aus der Ruhe brachte. Diese Ruhe und sein verschmitzter, manchmal provozierender Humor ...
Das fehlt mir.
(Tom)
Wenn ich dem Opa etwas Lustiges erzählt habe, dann haben seine Augen gelacht. Drumherum hatte er viele kleine Fältchen. Es war schön, zu sehen wie sein Mund ein Lachen geformt hat. Sein ganzes Gesicht hat dann mitgelacht.
Das fehlt mir.
(Regine)
Als ich acht war, sind mein Vater und ich leidenschaftlich gerne auf dem kleinen Wannsee gerudert. Immer, wenn wir in die Nähe des großen Wannsees kamen und ich die – aus meiner damaligen Perspektive – großen Wellen sah, bekam ich fürchterliche Angst. Viel zu groß erschien mir dieses Gewässer und eben schrecklich gefährlich. Doch mein Vater nahm mir die Angst. So wie er es immer in meinem Leben getan hat. Mit einer Portion Logik, mit einer Portion Verstand und dem Wissen, dass es nur wenige Dinge gibt, vor denen man sich auf der Welt wirklich fürchten muss. Ich bin meinen beiden Eltern dankbar, dass ich ohne Angst großwerden konnte. Ich bin meinem Vater dankbar, dass er mir

Mut, Kraft und Furchtlosigkeit mitgegeben hat.
Das fehlt mir.
(Tom)
Wie er lacht, wenn er uns am Bahnhof abholt. Wie er Felix heimlich unterm Tisch einen Keks gibt. Seine lustigen Augen, wenn er etwas vom Teller gemopst hat. Seine schiefe Mütze auf dem Kopf. Und sein liebes Gesicht.
Das fehlt mir.
(Regine)
Ob Politik oder Wirtschaft, mein Vater war ein wissbegieriger Mensch, der sich für all das interessierte, was in der Welt geschah. Tageszeitung und Tageschau – das Pflichtprogramm, Fußballschauen – die kleine Leidenschaft. Vor allem jedoch interessierte sich mein Vater für uns, für seine Familie, unsere Erfolge und Misserfolge, unsere vielen kleinen Geschichten. Egal wie banal, egal wie unwichtig sie vielleicht manchmal waren, wir fühlten uns immer verstanden. Er hat uns gefragt und zugehört.
Das fehlt mir.
(Tom)
Es war so schön, sich mit dem Opa zu unterhalten. Ich hatte nie das Gefühl, dass es ihn langweilt, wenn ich ihm etwas erzählt habe. Er hat mich immer angeschaut, als hätte ich ihm etwas Wunderbares gesagt.
Das fehlt mir.
(Regine)
Mein Vater war ein neugieriger Mensch, der vor Ideen nur so sprudelte. »Sollten wir nicht noch mal das probieren?«, »Hast du denn das schon mal versucht?« – wie oft haben wir diese Fragen gehört. Ständig hatte er neue Ideen, Projekte und manchmal Flausen im Kopf.
Das fehlt mir.
(Tom)
Mein Opa war so alt wie ich, als der Krieg angefangen hat. Ich glaube, dass er immer an den Krieg gedacht hat. Und dass er sich gewünscht hat, dass ich in Frieden lebe. Oft hat er mir vom Krieg erzählt, vom Hunger, vom Bombenalarm.

Das fehlt mir.
(Regine)
Liebe, so wie sie mir mein Vater gegeben hat, ist ein ganz einzigartiger Schatz. Sie ist bedingungslos. Was auch immer wir angestellt haben, was auch immer uns aus der Bahn warf – wir wussten: Mein Vater liebt uns. Meine Mutter, meine Schwester, mich und natürlich auch seine Enkel.
Diese Liebe bildet ein Fundament für das Leben, das auch die noch so starken Stürme übersteht. Diese Liebe konnten und können wir weitergeben – wir hatten ja so viel davon.
Diese Liebe bleibt – so wie all das, was mein Vater mir und uns allen geben hat. Seine Ruhe, seine Geduld, seinen Humor, seine Furchtlosigkeit, sein Interesse an Menschen, seine Neugierde und eben seine Liebe – das bleibt uns.

Die Abschiedsfeier

Lange Zeit war es üblich, die Toten innerhalb von drei Tagen zu bestatten. Heute aber müssen Freunde und Verwandte häufig aus verschiedenen Orten anreisen, so dass der Abschied oft erst nach einer Woche oder zehn Tagen stattfinden kann. Das alles ist im gesetzlichen Rahmen und es gibt immer Möglichkeiten, die Frist aus organisatorischen Gründen um ein paar Tage zu verlängern.

Schwierig aber ist es immer noch, wie bereits beschrieben, für die Bestattungsfeier einen Termin am späteren Nachmittag oder einem Samstag zu bekommen. Man sollte bei Bedarf dennoch danach fragen. Irgendwann werden die bisherigen Beamtenzeiten ja doch vielleicht einmal gekippt. Bei Krematorien sieht man den Unterschied deutlich. Die in städtischer Hand beschränken ihr Zeitfenster auf viereinhalb Tage und brauchen oft Wochen für die Einäscherung, die privaten Anbieter öffnen ihre Abschiedsräume sieben Tage die Woche und stellen nach zwei Tagen die Urne bereit.

Meist finden die Trauerfeiern in einer Friedhofskapelle, Trauerhalle oder der Aussegnungshalle des Krematoriums statt. Zunehmend werden auch ansprechende Abschiedsräume von Bestattungsunternehmen angeboten. Man kann sich von dem Verstorbenen aber auch im heimischen Wohnzimmer, einer geschmückten Scheune oder in einem öffentlichen Saal verabschieden. Doch braucht man für jede Ausnahme eine Genehmigung, um die man sich selbst oder auch ein flexibler Bestatter kümmern kann.

Nachdem die Friedhofskapellen von den Kirchen in den letzten Jahrzehnten oft an die Gemeinden abgetreten wurden, wünschen sich nicht nur manche Angehörige sondern auch engagierte Pfarrer, Trauerfeiern wieder öfter in die großen Kirchen zu verlegen. Der einzige Nachteil dabei sind die anschließenden, etwas umständlichen Wege zu den oft am Rande der Orte liegenden Friedhöfen.

Umgekehrt kann es schwierig sein, wenn in kleinen Gemeinden nur ein kirchlicher Friedhof besteht. Dann muss die Aussegnungshalle auch allen Nicht- oder Andersgläubigen dienen, was meist den Nachteil hat, den Abschied umgeben von christlicher Symbolik gestalten zu müssen. Menschen, die sich eine ganz weltliche Trauerfeier wünschen, werden in diesem Fall nach anderen Räumlichkeiten suchen.

Wo auch immer die Trauerfeier stattgefunden hat – bei einer Erdbestattung begleiten die Trauergäste den Sarg mit dem Verstorbenen meist anschließend zum Friedhof, wo der Sarg mit einer weiteren Zeremonie am Grab verabschiedet wird. Es ist aber auch möglich, dass die eigentliche Beerdigung erst später im kleinen Kreis stattfindet.

Bei der Einäscherung gibt es immer einen Abschied in mehreren Etappen. Findet die Trauerfeier in einem kleineren Ort statt, wird der Leichnam mit dem Sarg nach dem Abschied zur Verbrennung in ein Krematorium überführt. In großen Städten wird der Sarg mit dem Toten meist im Abschiedsraum des Krematoriums aufgebahrt und verabschiedet. In beiden Fällen ergibt sich nach der Trauerfeier eine Pause von wenigen Tagen bis zu vier Wochen, bis man die Asche des Verstorbenen mit einer meist kleingehaltenen Zeremonie beisetzen kann. Man kann aber auch auf die Trauerfeier am Sarg verzichten und dafür die Urnenbeisetzung größer gestalten. Das machen etwa Angehörige, die sich für eine Waldbestattung entschieden haben und die Zeremonie in die Natur verlegen möchten. Alle Möglichkeiten dieser Welt haben diejenigen, die die Umwege über das Ausland nutzen und danach die Asche in den Händen halten. Sie können ihren Abschied frei von Zeit und Raum zelebrieren.

Wenn die Abschiedsfeier im »üblichen Rahmen« stattfindet, sollte man – wie bereits mehrfach angesprochen – über eine zeitliche Doppelbelegung nachdenken. Das Zeitfenster für Bestattungen beträgt oft nur 30 Minuten bei Erdbestattungen und 45 Minuten für die Trauerfeier bei der Feuerbestattung. Besonders auf dem Friedhof wird es dann eng. Innerhalb der 30 Minuten müssen auch noch die Sargträger zum Grab gehen, den Sarg abstellen und wieder zurücklaufen, um sofort den nächsten Toten aufzubahren. Damit bleibt für die eigentliche Feier kaum genug Zeit. »Ich habe oft nur 15 Minuten für ein ganzes Leben«, klagte eine Pastorin zu Recht.

Da die Art und Weise, wie der letzte Abschied eines Menschen gestaltet wird, großen Einfluss auf die Trauerphase und die Verarbeitung des Verlustes hat, ist eine individuelle Gestaltung des letzten Abschieds besonders wichtig, geht es doch darum, den Wünschen des Verstorbenen ebenso wie den eigenen Vorstellungen so weit wie möglich gerechtzuwerden.

Wenn auch bei kirchlichen Bestattungsfeiern die Abläufe weitgehend festgelegt sind, gibt es in Absprache mit den Pfarrern jedoch auch hier Raum für individuelle Abschiedsrituale. So kann während und nach der Messe in der Halle oder auch am Grab eigene Musik gespielt werden. Trauernde können selbst eine Rede halten, ein Gedicht vortragen oder ein gemeinsames Ritual ausführen. Das gilt natürlich erst recht für weltliche Feiern, die im Familien- oder Freundeskreis allein oder mit Hilfe eines flexiblen Bestattungsunternehmens ganz individuell gestaltet werden.

Um Verwirrungen und Unstimmigkeiten zu vermeiden, sollte einer der Anwesenden die Rolle des Zeremonienmeisters übernehmen. Das kann die engagierte Bestatterin sein, ein Pfarrer, eine alte Freundin oder ein erfahrener Verwandter. Auf keinen Fall sollte man sich den Ablauf der Trauerfeier von einem unbekannten Friedhofsmitarbeiter aus der Hand nehmen lassen.

Das betrifft auch die Aufbahrung des Sarges. Ein bemalter oder beschriebener Sarg wird vermutlich für sich allein wirken. Ein schlichter Sarg könnte mit einem schönen Tuch bedeckt werden oder auf einer entsprechenden Unterlage stehen. Eine geschickte Floristin kann auch eine Sargdecke aus Rankpflanzen und Blumen zusammenbinden.

Auf den Friedhöfen wird oft ein sogenannter Katafalkwagen benutzt, um den Sarg aus der Feierhalle zum Grab zu transportieren. Wenn zuvor genug Zeit ist, kann man den ebenso durch Blumen, Tücher oder Matten verschönern wie die Stelle rund um das ausgehobene Grab und den Erdhügel. Manchmal wird auch der ganze Boden mit Blumen bestreut. Große Segel würden vor Sonne oder Regen schützen, ältere Gäste könnten auf Stühlen Platz nehmen.

In vielen Gemeinden ist es möglich, eigene Sargträger oder auch Sargträgerinnen mitzubringen. Denn meist muss der Sarg nur vom mitgeführten Wagen gehoben und nach wenigen Schritten über dem Grab abgestellt werden. Falls der Sarg keine Griffe hat, werden dazu Seilschlaufen über die Schulter gehängt. In manchen Gegenden ist es üblich, bei diesem Dienst weiße Handschuhe zu tragen, die von den Trägern nach einer Verbeugung ins Grab geworfen werden.

Viele Menschen finden es beängstigend, wenn am Ende der Sarg in der Tiefe verschwindet. Deshalb lässt man ihn heute öfter über dem Grab stehen und die Trauergäste legen nur Blumen auf ihm ab. Das Ritual des Erdewerfens ist aber erst nach dem symbolträchtigen Herablassen des Sarges möglich, wobei dann jeder am Grab vorbeigeht und sich mit einer Schaufel oder Handvoll Erde von dem Toten verabschiedet. Die oft unangenehm laut auf den Sarg polternde, steinige Friedhofserde lässt sich leicht durch mitgebrachte Blumenerde in einem schönen Behälter ersetzen.

Am Ende der Trauerfeier vor einer Einäscherung ist ein ähnliches Ritual möglich, indem man keinen Vorhang vor dem Sarg zuziehen lässt. Dann können alle ein letztes Mal am Sarg vorbeidefilieren und sich mit einer Geste verabschieden.

Wer die üblichen Totenwagen nicht mag oder einem Autonarr eine besondere Ehre erweisen möchte, könnte für den Transport des Verstorbenen einen Oldtimer benutzen, den einige Bestatter dafür offiziell angemeldet haben. In England wird der Sarg auch öfter auf einem Motorradbeiwagen transportiert.

Ringelnatz schrieb einmal in einem Gedicht zum Tod: »Ich werde euch in neuen Kleidern begegnen und euch segnen.« Warum sollte man nicht dieses Gedankenspiel aufgreifen und die »schwarze« Kleiderordnung aufheben? »Zieht bitte Kleidung in euren Lieblingsfarben an«, könnte in der Einladung zur Trauerfeier stehen.

Wenn der Abschiedsraum groß genug ist und die Bestuhlung wandelbar, kann der Sarg in die Mitte eines Stuhlkreises gestellt werden, so dass der Verstorbene auch räumlich im Mittelpunkt steht.

Neben dem Sarg kann eine Staffelei stehen, auf der ein Foto der oder des Verstorbenen steht, eine Collage aus verschiedenen Lebensphasen, ein geliebtes Gemälde oder ähnliches.

Wenn die Technik dies zulässt, könnte man einen entsprechenden Film oder eine Diashow zeigen. Manchmal ist es auch möglich, die ganze Trauerfeier aufzuzeichnen, ja sogar im Internet zu übertragen.

Für jedes Lebensjahr des Verstorbenen kann man eine Kerze oder ein Teelicht anzünden und von den Gästen am Ende der Feier eines nach dem anderen ausblasen lassen. Zudem könnte man Weihrauch oder andere wohlriechende Kräuter oder Öle entzünden oder abbrennen, wenn es die Größe des Raumes zulässt und die Luft nicht zu sehr belastet wird.

So wie es in südlichen Ländern gebräuchlich ist, den Gästen einer Hochzeit kleine Schleifen oder in Tüll gepackte Mandeln mitzugeben, könnte man auch den Trauergästen etwas mitgeben, eine Blüte oder Blume, einen Teil der Dekoration wie etwa ein schönes Stück Samtband oder etwas, das einen Bezug zu dem Menschen herstellt, den man verabschiedet.

Auch bei einer weltlichen Feier kann man zur Erinnerung ein »Totenbildchen« verteilen – in Form eines schönen Fotos mit einem passenden Spruch und den Lebensdaten des Verstorbenen. Ansprechende Klappkarten lassen sich durch den Digitaldruck heute auch in kleinen Auflagen herstellen.

Bei der Feier am Grab oder auch vor den Räumen des Krematoriums oder anderer Orte könnte man sogar zum Abschied weiße Tauben freisetzen (Bestatter nach Anbietern fragen oder Taubenzüchtervereine anrufen). Man kann weiße Kärtchen an die Trauergäste verteilen und später die darauf geschriebenen, persönlichen Abschiedsgrüße an Luftballons befestigen und aufsteigen lassen. Eine Tradition aus Thailand sind die sogenannten »Schwebefeuer«, kleine leuchtende Heißluftballons, die man ebenfalls mit guten Wünschen in den Himmel entlässt.

Auch das gemeinsame Kaffeetrinken nach der Trauerfeier kann bei der Bewältigung der Trauer helfen. Oft versammeln sich hier zum ersten Mal alle Menschen aus verschiedenen Lebensphasen des Verstorbenen und erinnern mit Anekdoten an die gemeinsame Zeit mit ihm. Dieses Zusammenkommen bewährt sich auch am ersten Jahrestag des Todes oder am nächsten Geburtstag des Toten und könnte von da an jährlich zu einem schönen Ritual der Erinnerung werden.

Musik spielt heute nicht nur bei weltlichen Abschiedsfeiern eine wichtige Rolle, auch die meisten Kirchenvertreter sind offen für Gesang und Musik in der Aussegnungshalle oder am Grab. Ob Klassik, Rock, Pop oder Chanson, alles ist möglich, wenn es den Angehörigen passend erscheint oder ein zu Lebzeiten geäußerter Wunsch des Verstorbenen war. Wenn man die Trauergäste einbinden möchte, kann man ein Musikstück auswählen, das die meisten kennen und dazu noch Notenblätter verteilen. Falls die Musik von einem Tonträger abgespielt wird – egal ob vor Ort schon installiert oder mitgebracht – sollte man die Anlage unbedingt auf eine störungsfreie Wiedergabe testen.

Es gibt inzwischen nicht nur eigens zusammengestellte CD-Sammlungen mit Trauermusik der letzten Jahrhunderte, sondern auch Musiker und Sängerinnen, die sich auf diesen Anlass spezialisiert haben.

»Wir haben mit der Trauerarbeit schon vor ihrem Tod begonnen«
Lisa, 25 Jahre

»Meine Mutter war eine sehr lebendige, der Welt zugewandte Person, die stets so gelebt hat, wie sie es für richtig hielt. Sie ist bis zum 16. Lebensjahr in Teheran und Karachi aufgewachsen und war später oft zum Meditieren in Indien. Dort ist sie auch wieder hingereist, als sie an Krebs erkrankte. Anfang des Jahres hat sie dann erfahren, dass es keine Rettung für sie gab und sich dann bewusst auf ihr Ende vorbereitet. Mit meinem Vater und uns drei Kindern zwischen 17 und 25 Jahren hat sie ganz offen über alles gesprochen. Bevor sie ins Hospiz kam, gab sie mir als Ältester eine ganze Liste von Freunden, die sie noch einmal sehen wollte. Ich musste also sehr vielen Leuten mitteilen, dass meine Mutter sterben würde, und mich so zwangsläufig mit ihrem Tod auseinandersetzen. Es war manchmal sehr hart, aber ich gewöhnte mich langsam an den Gedanken. Hilfreich war, dass ich drei Monate Verlängerung für meine Diplomarbeit bekam und mich dadurch ganz auf meine Mutter konzentrieren konnte. Tag für Tag empfing Mama dann Besuch im Hospiz, sprach über gemeinsame Erinnerungen und sagte allen Lebewohl. Ihren Abschied hat sie weitgehend allein gestaltet, sie hat eine Rede geschrieben, Musik herausgesucht und mit dem Bestatter über den Ablauf gesprochen. Sie wünschte sich auch von meinem Vater, der Schreiner ist, einen selbstgebauten Sarg, aber das hat er nicht übers Herz gebracht.

An ihrem letzten Abend waren wir alle bei ihr, mein Vater spielte Harmonium, als sie starb. Sie ist nur 51 Jahre alt geworden. Wir haben meine Mutter zusammen mit der Betreuerin gewaschen, ihr Bruder kam dazu, wir haben Kerzen angezündet und Vater spielte immer wieder ein bisschen. Anfangs sah meine Mutter sehr schön aus, aber sie veränderte sich nach und nach in den zwei Tagen, an denen wir abwechselnd bei ihr saßen. Die Mitarbeiter des Hospizes haben alles getan, um uns diesen geschützten Rahmen zu ermöglichen.

Zum Abschied kamen 130 Menschen in die Aussegnungshalle des Krematoriums. Über dem Sarg war ein regelrechtes Dach aus Blumen aufgebaut, daneben stand ein großes Foto meiner strahlenden Mutter im gleichen orangefarbenen Kleid, das sie auch im Sarg trug. Jeder konnte in Körbe mit Rosenblättern greifen und Blüten über den Sarg werfen. Die Besucher waren gebeten worden, selbst keine Blumen oder Kränze mitzubringen, sondern lieber etwas für die Ausbildung von uns Kindern zu spenden. Am Anfang und Ende der Feier gab es Livemusik von Mutters Meditationsgruppe, die auf ihren Sitars und Tablas spielte. Dann redeten ein Freund von uns, ihre Chefin und eine Freundin, die den Text meiner Mutter vortrug. Zum Schluss las ich einen Auszug aus der Bhagavadgita vor, ›Es gibt keinen Tod – was lebt, das lebt für immer‹, sehr tröstliche Worte über unseren unsterblichen Geist, der vom Tod unberührt bleibt.

Später haben wir dann den Umweg über die Schweiz gewählt, um die Asche unserer Mutter zurückzubekommen. Wie sie es sich gewünscht hat, versammelten wir uns in der abendlichen Dämmerung an einer schönen Flussstelle und verteilten den größten Teil ihrer Asche über dem Wasser. Einen kleinen Teil werden wir nächstes Jahr mit nach Indien nehmen und dem Ganges anvertrauen. Uns geht es allen gut, so weit man das nach dem Tod des allernächsten Menschen sagen kann. Aber wir haben mit der Trauerarbeit schon vor ihrem Tod begonnen, das hat Mama und uns vieles erleichtert.«

»Sobald andere eingriffen, wurde es furchtbar«
Cornelia, 62 Jahre*

»Vieles, was wir selbst organisieren konnten, ist sehr gut und stimmig gelaufen nach dem Tod meines Mannes. Die letzte Nacht mit ihm zu Hause, später die Klavier- und Cellostücke unserer Freunde und die Rede meines Schwagers in der Aussegnungshalle, die schönen und positiven Gedichte unserer Kinder am Grab, auch der Spaziergang bei schönstem Wetter mit Freunden und Verwandten durch den Park zum gemeinsamen Essen.

Aber sobald andere eingriffen, wurde es furchtbar. Als die Leute des städtischen Bestattungsunternehmens meinen Mann abholten, zogen sie ihm als erstes die Schuhe aus, ohne mir zu erklären, dass die nicht mit ins Grab dürfen. Warum eigentlich nicht? Waren doch Lederschuhe! Weil mir so elend war,

›erlaubten‹ sie mir immerhin, mich noch einmal kurz von ihm zu verabschieden, und warteten vor der Tür. Am schlimmsten aber ging es auf dem Friedhof zu. Dort herrschte ein durchgehend rauer Ton und es wurde uns absolut nichts von den Abläufen erklärt. Wir hatten meinen Mann zuletzt in der dortigen Kühlkammer besucht und trafen uns zur Beerdigung dann auch dort, weil wir annahmen, wir gingen mit ihm gemeinsam in die Aussegnungshalle. Aber er war weg und wir irrten nervös umher, bis wir den Sarg aufgebahrt in der Halle fanden, geschmückt mit dem falschen Kranz, einem fürchterlich bombastischen Ding mit schwarzer Schleife von einem Bekannten. Dabei hatten wir doch so ein schönes Gesteck machen lassen! Ich habe später bei der Gärtnerin nachgefragt, wie das passieren konnte. Sie hatte pünktlich geliefert und die richtigen Anweisungen gegeben, aber sie meinte, die Leute auf dem Friedhof würden ganz oft einfach den größten Kranz nehmen oder die Gebinde vertauschen. Je prunkvoller, je lieber, glauben offenbar viele dort. Wir hatten in der engen Halle mit all den Freunden und Musikinstrumenten jedenfalls keine Chance mehr, noch irgendwas zu ändern und waren heilfroh, dass wir wenigstens die doppelte Zeit gebucht hatten.

Der schön gelegene Platz des Grabes und die Sonne haben dann vieles wieder wettgemacht, und ich war bei aller Traurigkeit glücklich über all die wunderbare Hilfe und Zuneigung von Verwandten und Freunden.«

»Mutters Asche haben wir unter dem Apfelbaum begraben«
Uta, 53 Jahre

»Im Februar war mein früherer Mann gestorben. Auf dem Friedhof hatte eine Angestellte noch einmal die Überurne aufgemacht und den Deckel mit seinem Namen gezeigt. Als meine Tochter die Urne dann zum Grab trug, wurde mir klar, dass er doch sicher lieber in unserem Garten wäre, und ich dachte, hätte ich noch eine Chance, würde ich glatt die Urne klauen.

Noch im gleichen Jahr starb dann meine Mutter, einfach so, wir fanden sie plötzlich morgens tot im Bett, hier bei uns im Haus. Ich war total geschockt, aber gleichzeitig auch ruhig. Ich habe zu ihr gesagt, Mütterlein, wir machen jetzt alles ganz langsam, ich lass dich erst mal so liegen und setze mich zu dir. Dann habe ich das Arbeitszimmer aufgeräumt, habe meine Mutter gewaschen und hergerichtet und dort aufgebahrt. Am nächsten Tag hatte ich erst Angst, zu ihr reinzugehen, weil ich nicht wusste, wie sie aussehen würde. Sie hatte sich tatsächlich verändert, aber das war in Ordnung. Dann haben wir noch die Pastorin zur Aussegnung gerufen und am dritten Tag selbst den Sarg geschlossen.

Nach der Einäscherung habe ich mich mit meinem Bruder wieder auf dem gleichen großstädtischen Friedhof getroffen, meine Mutter sollte offiziell neben meinem Ex-Mann bestattet werden. Wieder zeigte uns die Angestellte die Urne und wir baten sie, uns im Abschiedsraum noch ein bisschen mit der Mutter alleinzulassen und die Glocke zu läuten. Wir hatten uns fest vorgenommen, die Asche diesmal mitzunehmen und uns entsprechend präpariert. Mein Bruder packte sein Werkzeug aus der Tasche und versuchte, den Deckel der Aschenkapsel zu öffnen. Es klappte nicht, weil das Ganze so kompliziert verkantet war. Also die andere Variante. Ich holte eine leere Cappuccino-Dose hervor, steckte einen Quarzstein und einen aus dem Garten hinein, alles schön umwickelt, damit es nicht klapperte, und fügte Erde von zu Haus hinzu. Das Ganze kam dann in die Schmuckurne. Uns zitterten die Hände vor Aufregung und wir bekamen nur mit Mühe den Deckel richtig zu. Dann gingen wir mit der Aktentasche unterm Arm und der Urne in der Hand nach draußen. Dort war niemand zu sehen. Wir gingen also allein und angemessenen Schrittes zum Grab, wo das Loch schon ausgehoben war. Wir versenkten die Schmuckurne samt Cappuccino-Dose und klopften Lage für Lage feste Erde darüber. Auch die Grasnarbe legten wir selbst wieder drauf. Auf dem Rückweg trafen wir die Angestellte und dankten ihr, dass sie uns allein hatte gehen lassen.

Am 85. Geburtstag meiner Mutter haben wir uns dann alle

im Elternhaus getroffen, auf dem Land, wo meine Eltern sich alles aufgebaut und den Garten urbar gemacht hatten. Dort haben wir Mutters Asche mit einem schönen Ritual unter dem Apfelbaum begraben. Es war eine so stimmige Sache, es hatte etwas Göttliches. Und im Jahr darauf hat der Baum geblüht wie nie zuvor.

Gedanken zum letzten Abschied

Immer mehr Menschen überlegen sich schon zu Lebzeiten genau, wie ihr letzter Abschied gestaltet werden soll, und erinnern sich dabei an gelungene Beerdigungen. Andere sind der Meinung, man solle nicht im Voraus alles festlegen, um den Angehörigen mehr Freiraum für ihre Trauer zu lassen.

Christian, 38 Jahre*
»Meine Tante war eine ganz selbstbewusste Frau. Sie hat ihre Beerdigung komplett selbst organisiert und einen ganz schlichten Sarg bestellt. Dann hat sie sich selbst ihr Totenhemd genäht und mit einem schönen Kreuz bestickt. Uns sagte sie, ihr könnt zur Trauerfeier anziehen, was ihr wollt.«

Marianne und Werner, 85 und 86 Jahre*
»Unsere Särge stehen schon in der Garage. Wir haben sie bereits vor Jahren selbst konzipiert, ganz schlichte, klassische Holzkisten. Bei der Beerdigung sollen sie nur mit Efeu bedeckt werden. Wir wollen keine Blumen, keine Kränze und keine Grabreden, wohl aber einige Musikstücke, die wir schon zusammengestellt haben.

Nachdem wir uns ein Leben lang bemüht haben, uns so zu verhalten, anzuziehen, zu wohnen und zu leben, wie uns das richtig und schön erscheint, ohne Schnörkel und Brimborium, sollte auch die letzte Handlung dazu passen. Deswegen kümmern wir uns selbst drum, versuchen Pomp und Hässlichkeit zu vermeiden und müssen dadurch den Bestattungshaien auch nicht soviel Geld in den Rachen werfen.«

Marlies, 68 Jahre
»Im vergangenen Jahr starb mein früherer Lebensgefährte. Sein Freundeskreis und ich orderten einen schlichten hellen Tannenholzsarg, auf den alle mit farbigen Filzstiften kreuz und quer ihre Namen schrieben. Der Sarg war übersät damit und sah wunderschön aus. Bei der Bestattung lagen nur eine weiße Lilie und sein Lieblingsbuch von Albrecht Fabri auf dem Sarg. Wenige Meter entfernt spielte ein Trompeter La Paloma. So hatte er sich das immer vorgestellt.«

Bianca, 32 Jahre
»Ich möchte, dass die Menschen an meinem Grab nicht weinen, sondern lachen. Dass sie über mein Leben reflektieren und dabei die Wahrheit sagen. Denn ich finde es furchtbar, wie sehr bei den Beerdigungen gelogen wird. Wir sind doch alle Menschen und haben Fehler. Ich hätte gern eine lustige Rocknacht an meinem Grab, bei der meine Freunde tanzen und sich am Leben freuen.«

Lena, 29 Jahre
»Ich wünsche mir ein betretbares Grab mit einer Sitzbank, wie in Russland. Am liebsten mit einem schönen Baum, vielleicht im Sommer mit Erdbeerpflanzen, damit man die Früchte essen kann. Denn dieses abgetrennte »vor-dem-Grab-stehen«, wo man doch eigentlich Nähe zu den schmerzlich Vermissten sucht, hält mich meist davon ab, auf den Friedhof zu gehen.«

Doro, 55 Jahre
»Ich finde es ganz wichtig, dass die Angehörigen und Freunde nach dem Tod eines nahen Menschen noch in Ruhe zusammensitzen. Dass sie über den Toten nachdenken, was ihm vielleicht wichtig wäre, welche Rituale oder Musik er mögen würde. Deshalb finde ich es schrecklich, dass manche Menschen ihre Beerdigung schon bis ins Detail vorausgeplant haben. Damit nehmen sie ihren Hinterbliebenen ein wesentliches Verarbeitungspotential.«

Abschiede von Prominenten

Große Trauerfeiern für prominente Zeitgenossen folgen oft einer eigenen Dramaturgie, bei der die Persönlichkeit des Verstorbenen in besonderer Weise gewürdigt und sein berufliches wie privates Umfeld in den Abschied miteinbezogen wird.

Eine detaillierte Anweisung zu seiner Beerdigung hinterließ der schwedische Regisseur **Ingmar Bergman**, der 2007 auf der Insel Farö beigesetzt wurde. Sein Sarg glich einer einfachen Holzkiste, die Rede hielt die Inselpfarrerin. Bei der schlichten Feier waren nur Freunde und Angehörige zugelassen, die Presse durfte von einer Schafswiese aus zuschauen.

Bei der Beerdigung des Dichters **Wolfgang Hilbig** im Juni 2007 auf dem Dorotheenstädtischen Friedhof in Berlin wurde keine einzige Grabrede gehalten. Aber alle bekannten Freunde und Schriftsteller aus der ehemaligen DDR waren da und trugen Gedichte aus dem Werk Hilbigs vor, einer nach dem anderen. Ursula März schrieb dazu in der ZEIT: »Hilbig muss sich die Privatheit, das ganz und gar Unsakrale, Konzentrierte dieser Feier gewünscht haben – die schlicht eben nur insofern war, als sie geradlinig und radikal jedes Repertoire außerhalb der Literatur erübrigte.«

Als die Schauspielerin **Inge Meysel** mit 94 Jahren starb, spielte ein Klarinettist Inge Meysels Lieblingslied »Junge, komm bald wieder« von Freddy Quinn. Und ihre Freundin, die Schauspielerin Ingeborg Wölffer, sagte bei der Trauerfeier in Hamburg: »Inge, vor vielen Jahren hast du mich gebeten, zu deiner Beerdigung einen roten Hut zu tragen. Ich habe mich nicht getraut. Du hättest den Mut gehabt. Deine Parole war: widersprecht, geht raus, lebt.«

Über die Bestattung von **Max Frisch** 1991 berichtet Peter von Matt: »In Berzona versammelte sich eine Schar mit Frisch befreundeter Frauen und Männer … Man saß in der einbrechenden Nacht auf langen Bänken, es wurde getrunken, kräftig getrunken … Aus der Finsternis tauchte der Bühnenbildner auf. Unter dem Arm trug er eine große Urne. Er trat nahe ans Feuer heran, fuhr mit dem nackten Arm in den roten Krug und warf eine breite Aschenfahne in die Flammen, und noch eine und noch eine. Andere rückten zu ihm hinüber, griffen ebenfalls in die Urne, und Wurf um Wurf, langsam, feierlich und fröhlich, wehte die Asche des Dichters erneut in das prasselnde Element.«

Über die Trauerfeier von **Luciano Pavarotti** in Modena 2007 schreibt Petra Reski in der ZEIT: »Am Ende der Trauermesse habe ich nur noch einen Wunsch: als Italienerin zu sterben. Als berühmte Italienerin. Von einem ganzen Volk glücklich betrauert, mit Weihrauch, Ave Maria und der Mutter aller Kunstflugstaffeln, der Frecce Tricolori, den dreifarbigen Pfeilen der italienischen Luftwaffe. Genau in jenem Augenblick donnern die Flugzeuge über unsere Köpfe hinweg, als der Sarg von Luciano Pavarotti aus dem Dom getragen wird. Die Sonne hüllt sich in Weihrauchdunst, der Applaus rollt wie Meeresbrandung über die Piazza Grande hinweg, und alle weinen wie die Kinder: Finanzgeneräle in goldbetressten Uniformen, Leibwächter in schwarzen Anzügen, italienische Fernsehsternstäubchen, schärpengeschmückte Bürgermeister. Die Journalisten schluchzen, bis sie Schluckauf bekommen, die Menge ruft ›Lu-cia-no, Lu-cia-no, addio, Lu-cia-no‹.«

Alternativen zur Erdbestattung

Feuerbestattung

Immer mehr Menschen möchten sich nach ihrem Tod verbrennen lassen. Die Einäscherungszahlen gehen seit Jahren in die Höhe und nähern sich allmählich der 50-Prozent-Marke. Im Norden und Osten und in Großstädten liegen die Zahlen wesentlich höher, auf dem Land und im Süden und Westen niedriger. Zum Vergleich: In den nordeuropäischen Ländern werden bis zu 70 Prozent der Verstorbenen kremiert, in Frankreich nur jeder fünfte. In den USA sind es etwa 30 Prozent, in Asien auf Grund der religiösen Vorschriften bei Hindus und Buddhisten 90 Prozent. Für orthodoxe Juden und Muslime ist die Einäscherung verboten.

Neben weltanschaulichen Motiven und praktischen Erwägungen wird die Verbrennung bei uns auch deshalb zunehmend gewählt, weil es für die Asche sehr viel mehr Bestattungsmöglichkeiten gibt als für den Leichnam. Hinzu kommt, dass Verbrennungen alles in allem auch preisgünstiger sind, obwohl die eigentliche Kremation ähnlich viel kostet wie eine Erdbestattung. Das haben die meisten Gemeinden so entschieden, als die Einäscherungswünsche immer mehr zunahmen.

Für die Feuerbestattung ist eine handschriftliche Willensbekundung des Verstorbenen notwendig. Aber auch die nahen Angehörigen können eine entsprechende Erklärung abgeben.

Im Gesetz über die Feuerbestattung ist festgelegt, dass der Tote vor der Einäscherung ein zweites Mal amtsärztlich untersucht werden muss. Dabei soll der gesamte Körper auf Schuss-, Stich- oder sonstige Verletzungen angeschaut werden, um jeden Verdacht eines nicht natürlichen Todes auszuschließen. Denn nach der Verbrennung ist ja jedes forensisch bedeutsame Beweismaterial verloren. Die zweite Untersuchung des Verstorbenen ist für viele Angehörige eine sehr unangenehme Vorstellung, aber nicht zu umgehen.

Das erste deutsche Krematorium wurde nach langem, ideologisch überfrachtetem Kampf 1878 in Gotha errichtet. Die evangelische Kirche ließ dann 1920 die Feuerbestattung für ihre Kirchenmitglieder zu, die katholische Kirche war erst 1963 so weit.

Heute gibt es rund 130 Krematorien in Deutschland, die meisten in kommunaler Trägerschaft. Die privaten erkennt man häufig daran, dass sie schneller arbeiten. So ist in manchen Städten die Einäscherung innerhalb von drei Tagen möglich, häufig aber dauert es mehrere Wochen. Das liegt, ähnlich wie bei Erdbestattungen, an behäbigen Strukturen und der Vorstellung, dass man keineswegs nach 17 Uhr arbeiten sollte. Verzögernd wirkt auch, wenn die Krematorien auf dem Friedhofsgelände liegen und die entsprechende Aussegnungshalle sowohl für Erd- als auch für Feuerbestattungen genutzt wird. Sicher ist, dass wochenlanges Warten bis zur Beisetzung der Urne die Trauerarbeit extrem blockiert und eine Zumutung für die Angehörigen darstellt.

Wartezeiten und Preisunterschiede tragen dazu bei, dass die Bestatter oft weitere Wege in Kauf nehmen, was sie allerdings mit den Angehörigen genau absprechen sollten. In Berlin macht zum Beispiel das 1998 von den Kanzleramts-Architekten Frank und Schultes gebaute Krematorium Baumschulenweg schwere Verluste, weil es durch einen ungeschickten Mietkaufvertrag ständig enorme Summen abführen muss, was zu hohen Gebühren führt. Während es in Berlin zuletzt rund 23 000 Urnenbegräbnisse gab, fanden die entsprechenden Einäscherungen nur noch zur Hälfte in der Hauptstadt selbst statt. Ähnliches gilt für andere Großstädte, denen die modernen Krematorien kleiner flexibler Kommunen den Rang ablaufen. Das hat auch mit einer offensiven Informationspolitik zu tun, mit der manche Krematorien auf sich aufmerksam machen. Sie bieten Führungen durch das ganze Gebäude an oder lassen die Trauergäste auf Wunsch dabei zuschauen, wie der Sarg in den Verbrennungsofen gefahren wird.

Die Abläufe sind überall ähnlich: Vor der Verbrennung wird an jedem Sarg ein hitzebeständiger Schamottstein angebracht, auf dem die Kennnummer des Toten und der Name der Feuerbestattungsanlage zu lesen sind. Dieser Stein übersteht den gesamten Verbrennungsprozess und wird am Ende zusammen mit der Asche in die Aschenkapsel gefüllt. Auf diese Weise ist eine Verwechslung so gut wie ausgeschlossen.

Es gibt Krematorien mit zwei oder auch fünf Ofenlinien. Es können also mehrere Einäscherungen gleichzeitig stattfinden, aber immer nur eine pro Ofen bzw. Kammer. Die Öfen haben jeweils eine große und darunter mehrere kleinere Verbrennungskammern. In der großen Kammer verbrennt der Sarg, zerfallen Muskeln und größere Knochen, in den unteren brennen die Überreste bei 850 bis 1000 Grad Hitze weiter aus. In einem Ascheauffangbecken werden dann Prothesen und Metallteile aussortiert und die restliche Knochen-Asche-Mischung noch einmal durch eine Knochenmühle geschickt. Auch hier gibt es oft noch einen Magneten, der metallene Teile herauszieht. Danach sind noch ein bis zwei Kilo Asche übrig, die weiß, gelb oder gräulich aussehen kann. Was vom Menschen am Ende übrig bleibt, ist weniger Asche wie man sie aus dem Hausbrandofen kennt, als vielmehr ein sandartiges Kalkgemisch, das durch das Zermahlen der Knochen entsteht.

Diese Asche wird zusammen mit dem Schamottstein in eine offizielle Aschenkapsel gefüllt und mit einem Deckel verschlossen, auf dem noch einmal die Daten des Toten eingraviert sind. Der ganze Vorgang dauert zwischen einer und drei Stunden, was von der Kapazität der Anlagen, aber auch von den Toten selbst und der Sargbeschaffenheit abhängt. Ein Problem stellen beispielsweise übergewichtige Tote dar, für deren große Särge die Türen der Verbrennungsöfen nicht breit genug sind. In England hat man schon begonnen, Anlagen entsprechend »upzugraden«.

Eigentlich sollten nur umweltverträgliche Särge zugelassen sein und alle Metallgriffe vorher abgeschraubt werden. Das stimmt aber mit der Praxis nicht ganz überein. So ist häufig zu hören, dass angekokelte Griffe und Metallteile später dem Altmetall zugeführt werden. Ein Krematorium in Halle hat 3054 angelieferte Särge auf Umweltverträglichkeit ausgewertet und festgestellt, dass 72 Prozent mit schädlichen Lacken behandelt worden waren. Bei jeder Verbrennung entstehen Umweltgifte, sowohl durch den Sarg als auch durch den Leichnam und Medikamenten-Schadstoffe. Dafür gibt es besondere Filter. Die Krematorien unterliegen in Deutschland strengen Abgasbestimmungen. Nach Angaben des Bundesumweltamtes machen die Dioxin-Emissionen aller Krematorien ein Fünftel dessen aus, was Hausfeueranlagen im Jahr ausstoßen.

Bestatter weisen immer wieder darauf hin, den Verstorbenen zuvor den Schmuck abzunehmen, da dieser durch die Hitze vernichtet würde. Allerdings überstehen Edelmetalle diesen Vorgang durchaus. So wurden 2007 in Nürnberg mehrere Friedhofsmitarbeiter angeklagt, die Zahngold und Schmuck aus den Auffangbehältern der Asche gefischt und so über die Jahre 135 000 Euro erbeutet hatten. Sie kamen mit einer Bewährungsstrafe davon. Die Vorfälle brachten aber viele Betreiber dazu, neue Regeln aufzustellen. Die über Metall-Abscheider aufgefangenen Edelmetalle wie auch künstliche Hüftgelenke etc. werden nun entweder den Angehörigen ausgehändigt oder offiziell einem gemeinnützigen Zweck zugeführt. Es schadet nicht, nach diesem Procedere zu fragen.

Seebestattung

Bei einer Emnid-Umfrage meinten acht Prozent der Befragten, sie würden gern auf See bestattet werden. Rund zwei Prozent halten auch daran fest. In Berlin sind das rund 150 Personen im Jahr. Anbieter gibt es in Hülle und Fülle. Für die Seebestattung ist eine Sondergenehmigung erforderlich, die von den Ordnungsbehörden aber fast immer erteilt wird. Am besten begründet man seinen Wunsch bereits zu Lebzeiten schriftlich und verweist auf eine besondere Beziehung zum Meer.

Auch auf See gibt es anonyme Bestattungen ohne Begleitung von Angehörigen. Das ist oft der Fall, wenn sich der Verstorbene einen Platz irgendwo in der Karibik oder vor San Francisco gewünscht hat. Häufig aber wollen die Trauergäste mit dabei sein und ordern ein deutsches Schiff für ein paar wenige oder auch dreißig Personen. Der Kapitän übernimmt die Aufgabe des Zeremonienmeisters und steuert zum Beispiel in Ost- und Nordsee regelrechte Friedhofsgebiete an, die in allen Karten eingezeichnet sind und vom Schiffsverkehr umfahren werden müssen.

Die wasserlösliche Urne wird während der Fahrt meist an einem geschmückten Platz in der Kajüte aufgebahrt. Die Mitreisenden können dort jede Art von Trauerfeier gestalten und Reden halten, Musik hören oder selbst musizieren. Bei Erreichen der Position wird die Maschine gestoppt und die Urne vom Kapitän auf der Reling platziert. Wenn nicht die Angehörigen selbst oder eine Trauerrednerin sprechen, hält der Kapitän die Abschiedsrede und bittet um eine Gedenkminute. Dann lässt er die Urne an einem Seil ins Meer hinunter, während die Angehörigen über der Stelle Blumen abwerfen oder Rosenblätter verstreuen können. Während des Absenkens schlägt die Schiffsglocke traditionell acht Mal.

Die Beisetzungsposition wird genau ermittelt und in das Logbuch eingetragen. Die Angehörigen erhalten eine Urkunde mit Seekarte und genauer Positionsangabe. Dann nimmt das Schiff langsam wieder Fahrt auf, umkreist noch einmal die Bestattungsstelle und tritt die Rückfahrt an.

Seit einiger Zeit bieten verschiedene Seebestattungs-Reedereien auch jährliche Gedenkfahrten an, um den Menschen bei ihrer Trauerarbeit zu helfen. Da findet dann beispielsweise erst auf Helgoland, in Kiel oder Lübeck eine Messe statt, und anschließend trifft man sich an Bord zu einer Erinnerungsfahrt.

Ähnlich wie viele Bestatter sprechen die Reedereien am liebsten gar nicht über die Kosten. Auf vielen Webseiten wimmelt es von Möwen und romantischen Sonnenuntergängen, das Geldthema aber wird schlichtweg ignoriert und die Interessenten sind gezwungen, eigens Kontakt aufzunehmen. Man kann bei Nord- und Ostseebestattungen von einem Grundpreis von 1500 Euro ausgehen, auf Mallorca von 2500. Dazu kommen noch mindestens 1000 Euro für Bestatter, Sarg, Kremation und Urne, zuzüglich Anreise. Dafür aber entstehen bei der Seebestattung keinerlei Folgekosten mehr.

Ökologische Bestattung durch Gefriertrocknen

Die Schwedin Susanne Wiigh-Mäsak ist Biologin und hat 20 Jahre an einer ökologischen Bestattungsmethode gearbeitet, die sie »Promessa Organic« nennt. Auf ihrer Homepage erklärt sie ausführlich, warum ihrer Meinung nach die traditionellen Bestattungsformen nicht ökologisch sind: »Wir wissen, wenn etwas zu Humus werden soll, dann wird Sauerstoff benötigt. Trotzdem beerdigen wir unsere Toten in sauerstofffreier Tiefe. Mit Hilfe von schwefelatmenden Bakterien verwesen die Körper, abhängig von der Erdqualität, unterschiedlich schnell. Danach gelangen die Reste ins Grundwasser und dann in unsere Meere, wo sie zur Überdüngung beitragen. Gleichzeitig wird unser Trinkwasser beeinflusst und sogar verdorben. Sargbeerdigung ist eine alte Tradition, die leider die Menschen hinter das Licht führt. Es gibt keinen feinen Humus, wenn wir tief in der Erde bestattet werden. Aus biologischer Sicht und auch aus Umweltgesichtspunkten ist Verbrennung keine besonders gute Alternative. Bei einer Verbrennung wird der Sarg mit dem Verstorbenen in einen Ofen, bei einer Temperatur von fast 800 Grad, eingeführt. Die Wärme sorgt dafür, dass der Sarg sich selbst anzündet, danach kommt ein Ölbrenner zum Einsatz. Für jede Verbrennung braucht man gut 20 Liter Heizöl, für die Reinigung der Rauchgase ein halbes Kilo Aktivkohle. Trotzdem gelangt eine große Menge an Rauchgasen, vor allem Quecksilber, in die Luft. Das (schwedische) Naturschutzamt schätzt, dass ein Drittel der ganzen Emission von Quecksilber aus den 73 vorhandenen Verbrennungsanlagen in Schweden kommt.«

Die Alternative sieht die schwedische Forscherin darin, dem

Körper den 70-prozentigen Wasseranteil zu entziehen. Dazu wird der Körper zusammen mit dem Sarg bei -18 Grad eingefroren und dann in flüssigen Stickstoff eingetaucht. Der Leichnam werde dadurch sehr zerbrechlich und zerfalle durch herbeigeführte kleine Vibrationen zu organischem Pulver. Dieses müsse dann durch einen Metallabtrenner geleitet werden, um eventuelle Körperersatzteile und Quecksilber abzutrennen.

Die Überreste haben danach noch ein Gewicht von 25 bis 30 Kilo und sollten in einem Sarg aus Maisstärke in einer »lebenden« Erde, direkt unter der Erdoberfläche, bestattet werden. Auf diese Weise werde sich der Sarg mit den Überresten des Menschen in sechs bis zwölf Monaten zu rückstandslosem Humus umwandeln.

Umbruchzeiten auf deutschen Friedhöfen

Ein Gespenst geht um auf deutschen Friedhöfen. Es sind vor allem die rasant gestiegenen Urnen- und anonymen Bestattungen sowie die Abwanderung zu Gräbern im Wald und auf der Alm, die der gesamten Friedhofsbranche wie ein Mahr auf der Brust sitzen. Den Gemeinden fehlen die Einnahmen, die Friedhofsverwaltungen schlagen sich mit großen Überhangflächen herum und die Gärtner und Steinmetze bekommen weniger Aufträge. Dabei ist der Kuchen eigentlich ganz schön groß. Bei 800 000 bis 850 000 Bestattungen im Jahr gab es zuletzt jährliche Gesamtumsätze von rund 15 Milliarden Euro. Davon bekamen Friedhofsträger, Gärtnereien und Steinmetze zwischen 16 und 24 Prozent ab. Nun aber werden die Kuchenstücke durch die günstigeren Aschebestattungen kleiner und müssen außerdem mit privaten Friedhöfen, Waldbestattern und Anbietern im Ausland geteilt werden.

»Grabwahlverschiebungen« heißt das ganz nüchtern. Überall gehen die lukrativen Erdbestattungen (Ganzkörperbestattung) zurück – abgesehen von einigen ländlichen Bereichen. In Berlin sollen bereits 30 Prozent der Friedhofsflächen leerstehen und 35 Anlagen geschlossen werden, weil für Urnenbeisetzungen viel weniger Platz gebraucht wird. Je nach Größe des Wohnorts machen die Aschebestattungen inzwischen die Hälfte bis hin zu 90 Prozent aus. Alarmierend für die Branche ist auch der Anstieg der anonymen Urnen-Bestattungen: bundesweit 15 Prozent, in Großstädten und vor allem im Osten Deutschlands mehr als ein Drittel, in Berlin zuletzt 40 Prozent.

In einer Emnid-Studie von 2002 hatten noch 36 Prozent auf die Frage: »Wie möchten Sie bestattet werden?« gesagt, sie wünschten sich ein traditionelles Erdbegräbnis im Sarg. Jeder dritte wollte verbrannt und in einer Urne beigesetzt werden.

Je acht Prozent entschieden sich für eine Bestattung auf See oder in freier Natur. Interessant ist die abweichende Meinung junger Leute bis 29 Jahre. Sie votierten stark für eine Erdbestattung und die alternativen Formen der See- oder Naturbestattungen, hatten jedoch wenig Sinn für die Urne.

Statt mehr kundenfreundliche und zeitgemäße Angebote zu offerieren, verharrt ein Teil der Branche in Schockstarre, jammert über Gebühreneinbußen und spricht von der »Zerstörung der Friedhofskultur«. Doch die Probleme sind hausgemacht. Zu lange haben sich die Friedhofsverwaltungen auf ihrem Monopol ausgeruht und mitunter haarsträubende Gesetze nachgebetet. Die deutsche Regelungswut kennt ja auch hier keine Grenzen. Normiert wird immer noch gern die Gestaltung der Grabsteine, der Neigungswinkel der Gräber oder die Art der Bepflanzung. Fotos auf Grabsteinen sind häufig verboten. Nach Auskunft der Verbraucherinitiative Aeternitas kommt es wegen dieser rigiden Vorschriften immer häufiger zum Streit, weil Angehörige sich das nicht mehr gefallen lassen wollen. Es werden dann alternative Bestattungsmöglichkeiten in der Umgebung gesucht, denn grundsätzlich ist es möglich, einen Platz auf einem Friedhof der eigenen Wahl zu erwerben. Innerhalb großer Städte ist die Auswahl unter verschiedenen Friedhöfen meist problemlos möglich, die Bestattung an einem anderen Ort hängt von der Zusage der jeweiligen Gemeinde ab. Oft wird schon in deren Friedhofsverordnung festgelegt, ob auch Menschen ohne Wohnsitz in der Gemeinde dort ein Grab bekommen können. Je weniger exklusiv die Lage eines Friedhofs ist, desto größer ist die Chance auf eine Zusage. Allerdings wird für Fremde oft ein »Externenzuschlag« erhoben. Dies vor allem dann, wenn zwischen den Gebühren einer nahegelegenen Großstadt und dem kleinen Friedhof auf dem Land große Preisunterschiede bestehen und sich viele Leute für die preiswertere Grabstätte entscheiden.

Wenn man als Nicht- oder Andersgläubiger auf einem christlich geführten Friedhof bestattet werden möchte, muss man zuweilen einen Extrazuschlag bezahlen.

Zu prüfen ist immer der Service! Gibt es eine Beerdigung am Wochenende, oder geht das nur montags bis freitags von acht bis zwölf Uhr? Und wenn es mit der Grabpflege nicht richtig klappt, steckt dann ein weithin sichtbares Schild »Angehörige bitte in der Verwaltung vorsprechen« am Grab?

Die Entscheidung für eine anonyme Bestattung hat da auf den ersten Blick viele Vorteile. Die Urne wird in geringem Abstand zu anderen auf freien Urnenfeldern oder Wiesen beigesetzt. Die Pflege der gesamten Anlage und des Rasens wird einmalig abgegolten und von da an von der Friedhofsverwaltung übernommen. Es entstehen auch keine Kosten für ein Namensschild oder Grabmal. So spielen finanzielle Gründe bei der Entscheidung gewiss eine Rolle, aber auch die Entlastung von der Grabpflege. Immerhin leben bei uns fast 15 Millionen Menschen allein und fast ein Fünftel der Großstädter hat keine eigenen Angehörigen am Wohnort.

Wie sehr die Friedhofsbranche diese Entwicklung fürchtet, zeigt sich an halbseitigen, teuren Zeitungsanzeigen des »Vereins zur Förderung der deutschen Friedhofskultur«. »Mutter, wo bist du? Namenlose Bestattung ist keine Lösung – Angehörige brauchen einen Ort zum Trauern«, heißt es da in Großlettern. Einen anderen Blickwinkel betont der Landschaftsarchitekt Gerhard Richter, der für die Verbraucherinitiative Aeternitas Leitlinien für die zukünftige Friedhofsgestaltung zusammengefasst hat. Er spricht vom topischen Trauern an einem festen Ort wie dem Friedhof, aber auch vom atopischen Trauern ohne konkreten Ortsbezug. »Anonym ist eine namenlose Grabstätte immer nur für die anderen, nicht unbedingt für den trauernden Angehörigen.« Ansonsten aber herrscht bei der Ablehnung der anonymen Bestattung weitgehend Konsens, wobei manche Fachleute und Laien weniger den fehlenden Trauerort, sondern vielmehr das allmähliche Verschwinden aller Namen und Lebensdaten bedauern. Dass das ein wichtiges Argument ist, kann man sich am Beispiel Berlin klar machen. Weil dort zuletzt 40 Prozent der Menschen anonym bestattet wurden, erfahren Friedhofsbesucher jetzt und zukünftig nichts mehr über deren Leben. Wie hießen diese Toten, welche Vornamen waren in ihrer Zeit modern, wie alt sind sie geworden? Was auch fehlt: die Aussagekraft von Grabsteinen, Modeströmungen, Schriftbildern. Heinrich Heine hat das so zusammengefasst: »Unter jedem Grabstein liegt eine Weltgeschichte.«

Ascheverstreuung

Aschestreufelder gibt es bisher nur in den Bundesländern Berlin, Brandenburg, Mecklenburg-Vorpommern, Nordrhein-Westfalen und Thüringen. Sie haben ihre Gesetze entsprechend geändert. Dazu werden meist Wiesenstücke am Rande der Friedhöfe freigegeben. Leider wird auch hierbei die Asche nicht aus der Hand gegeben. Ein Friedhofsmitarbeiter schreitet mit einem nicht sehr stilvollen Henkelgestell über die Wiese, während sich die Asche über Löcher im Boden verteilt. Manche dieser Wiesen sind auch mit Stauden und Büschen bepflanzt, so dass die Asche dezenter unter den Blättern verstreut werden kann. Diese Form der Bestattung ist immer anonym und wahrscheinlich die preiswerteste.

Die Zukunft der Friedhöfe

Wer die Lebenden wie die Toten weiter auf den Friedhöfen haben möchte, muss die Dienstleistung in den Vordergrund stellen, Alternativkulturen und die Rituale der großen Weltreligionen berücksichtigen, Trauerhallen und Kapellen entrümpeln und neu gestalten. Gegen die »Musealisierung der Friedhöfe« müssen sich alle Beteiligten etwas einfallen lassen. »Der Friedhof, so wie wir ihn kennen, gehört der Vergangenheit an. Die Zukunft liegt in freieren Formen«, meint Norbert Fischer, Historiker und Experte für Trauerkultur. Rainer Sörries, Leiter des Museums für Sepulkralkultur in Kassel, hat mit dem Konzept »Garten der Erinnerung« dem üblichen Rastermaß auf Friedhöfen den Kampf angesagt. »Es wird alternative Grabfelder mit einer Gestaltung auf hohem Niveau geben«, sagt der Theologe voraus.

Um Friedhöfe wieder in die Öffentlichkeit zu rücken, müssen sie gut erreichbar sein und eine optisch ansprechende Gestaltung mit abwechslungsreichen Spazierwegen und Plätzen anstelle der normierten Grabsteinlandschaften anbieten. Ganz wichtig sind umfriedete Räume mit geschützten Ruhebänken, auf denen die Menschen entspannen und bei Interesse auch ins Gespräch kommen können.

Ungewöhnliche Ideen lieferte ein Stuttgarter Wettbewerb zum Thema »Friedhof der Zukunft«. Die prämierten Vorschläge zeigen weithin sichtbare Urnentürme mit Aussichtsplattformen, Lichtgräben, in denen jeder leuchtende Punkt für einen der hier Bestatteten steht, oder eine orientalische Totenstadt mit Mini-Schrebergärten, die zunächst zum Gärtnern und dann als Ruhestätte dienen. Da wird der Tod wahrlich ins Leben zurückgeholt. Eine geradezu zwangsweise Zusammenführung gäbe es bei dem prämierten Vorschlag, U-Bahn-Linien durch einen gläsernen Tunnel mit dahinterliegenden Grab- und Urnenkammern zu führen.

Der große Renner aber sind »Urnengemeinschaftsgrabanlagen«, ein deutsches Mammutwort, für das sich hoffentlich ein anderer prägnanter Name findet. Gute Chancen hat sicher die »Friedhofs-WG«, ein Begriff, den die Berliner geprägt haben. Solche Ruhegemeinschaften sind unterschiedlich groß, manche umfassen nur sechs Urnenplätze, andere 50 oder 100. Kleinere Ensembles werden häufig auf dem Areal verwaister Erdgräber angelegt, so dass es zu einem Mix verschiedener Grabanlagen kommt. Oft findet sich auch ein Platz in einem abgelaufenen Urnenfeld oder einer historischen Grabanlage. Ideale Bedingungen für ein Gemeinschaftsgrab gibt es auf freien Wiesenflächen. Hier lassen sich regelrechte Parklandschaften erstellen, etwa mit Urnenplätzen entlang trockener Bachläufe oder im Umkreis von Trauerweiden. Entweder wird dabei trotz der gemeinsamen gärtnerischen Pflege jedes Grab namentlich gekennzeichnet oder der Ruheplatz des Einzelnen ist nicht exakt erkennbar, die Namen der Verstorbenen werden jedoch auf kleinen Tafeln, einem Naturstein oder einer Stele zusammen verewigt. Letzteres nennt man halbanonyme Gräber. Sie zeichnen sich durch ein gemeinsames, repräsentatives Zentrum aus, an dem auch Blumen abgelegt werden können. Vor allem die Entlastung von der Grabpflege spricht für solche Gemeinschaftsgräber, für die sich der Verein Aeternitas sogar mit einer eigenen Webseite einsetzt (siehe Anhang).

Viele Menschen fühlen sich immer seltener einem bestimmten Heimatort verbunden, sondern definieren sich eher durch Zugehörigkeit zu einer bestimmten Gruppe oder Denkweise. Eine wichtige Zielgruppe für Gemeinschafts- oder Freundschaftsgräber sind also Menschen mit ähnlichen Interessen, Ideen und Lebensweisen. Solche Gruppen pflegen ihre eigenen Rituale und wollen ihre Verbundenheit auch auf dem Friedhof zeigen. Da möchten vielleicht Anhänger einer Religion oder politischen Strömung näher beieinander liegen, Menschen aus der gleichen Straße, Wohngemeinschaften, Bewohner eines Stifts, Mitglieder von Sport-, Musik- und Kultur-Vereinen, Frauengruppen, Schwule oder Lesben, Chormitglieder, die Doppelkopfrunde oder der Kegelclub. Diesen gruppenspezifischen Grabanlagen ohne Pflege gehört wahrscheinlich die Zukunft.

In verschiedenen Teilen Deutschlands gibt es bereits Beispiele dafür.

Auf dem Hamburger Hauptfriedhof in Altona hat man die Marktlücke frühzeitig erkannt und ein 5000 Quadratmeter großes Gelände für die Fußballfans des Hamburger Sportvereins HSV zur Verfügung gestellt. So wie es Steh- und Sitzplätze im Stadion gibt, entstehen dort Einzelgräber wie auch Urnengemeinschaftsgräber auf dem nachgebildeten Areal eines Fußballfeldes. Ein »Spielfeld« mit rundherum terrassierten »Grabrängen« und einem stilisierten Tor soll den Fans ein gemütliches letztes Zuhause geben, zu dem sie sich – ob im Sarg oder in der Urne – von Friedhofsangestellten in stilechten HSV-Trikots tragen lassen können.

In Kornwestheim bei Stuttgart entstand ein Urnengarten mit 155 kleinen Karrees für Urnen, die von Beginn an mit den gleichen Bodendeckern bepflanzt wurden und mit ihrer hellen Umrandung wie eine Decke aus regelmäßigen weiß-grünen Rechtecken wirken. Sobald ein Platz belegt wird, kommt dort nur ein unauffälliger flacher Stein mit dem Namen hinzu.

In Leipzig findet schon mehr als die Hälfte der Beisetzungen in Urnengemeinschaftsanlagen statt. Dort hat man leicht erhöht angelegte kreisrunde Grabstellen für je zwölf Urnen auf einer großzügigen Wiese verteilt, mit jeweils einem jungen Baum in der Mitte, Namensplatten rundum und vier kleinen Altären für Blumen. Auf dem Bergfriedhof in Tübingen wiederum entstand ein vielbeachteter »Garten der Zeit«, bei dem man sich für eine der vier Beisetzungsflächen Frühling, Sommer, Herbst und Winter entscheiden kann. Diese sind mit Stauden und Gehölzen der jeweiligen Jahreszeit bepflanzt.

Elegante Lösungen zur Nutzung historischer Grabstätten als Gemeinschafts- oder Freundschaftsgrab hat die Berliner Architektin Gudrun Erler entwickelt. Sie arbeitet mit Inschrifttafeln aus farbbeschichtetem Sicherheitsglas, das vor die alten Inschriften gesetzt wird und sich mit jedem Lichtwechsel verändert. »Gerade hier in Berlin gibt es einige sehr aufgeschlossene Friedhofsverwalterinnen, die sich mit mir an die Umgestaltung alter Grabstätten wagen«, erzählt die Künstlerin. »Die Kosten für die Investition liegen mit rund 50 Euro pro Beisetzung sehr günstig.« Auf dem evangelischen Friedhof Berlin-Friedrichshagen hat Erler eine Anlage für 280 Urnen realisiert, von denen auf Anhieb die Hälfte verkauft war. Entlang einer alten Urnenmauer wechseln sich zwölf rot leuchtende rechteckige Glastafeln mit zwei halbrunden Elementen ab, auf denen nach und nach die Namen der Bestatteten aufgetragen werden. Ein Vorteil der haltbaren Folienbeschriftung: das Nachtragen ist innerhalb weniger Tage möglich. Die Mitte des neuen Grabmals wird dominiert von einem Edelstahlkreuz und bietet Platz für Blumen und Lichter. Nach einem ähnlichen Prinzip entstand in Friedrichshagen eine Erdgrabanlage für Paare. Weitere Glaslösungen der Architektin sind in Friedrichswerder, auf dem Luisen- und Sophien-Friedhof in Berlin und auf ihrer Homepage zu sehen.

Das innovative Steinmetzunternehmen Spittel-Meister in Pforzheim arbeitet ebenfalls mit Glas und Edelstahl. Vor allem die schmalen Edelstahlsäulen mit einer Tafel aus durchsichtigem Sicherheitsglas und gestrahlter, weiß hinterlegter Inschrift fallen auf jedem Friedhof auf. Möglich ist damit auch eine Beschriftung von beiden Seiten. Die 1,50 Meter hohe Stelengruppe aus Edelstahl mit 96 einzelnen Namenstäfelchen fällt ebenfalls aus dem üblichen Rahmen. Eine gute Idee für Menschen, die ein wenig Grabpflege selbst übernehmen möchten: Einzel- oder kleine Gemeinschaftsgräber werden mit einer weißen Marmorplatte abgedeckt, die eine Aussparung für eine Pflanzschale aus Edelstahl enthält.

Wettbewerbe zeigen eine Fülle weiterer guter Einfälle, wie aus monotonen Grabfeldern schön gestaltete Ruheinseln entstehen können. So hat etwa der Bildhauer Helmut Hirte die Ausschreibung der Frankfurter Aids-Hilfe für eine Gemeinschaftsgrabstätte für Aids-Tote gewonnen. Die Anlage auf dem Hauptfriedhof Frankfurt ist für 100 Verstorbene konzipiert, von denen jeder einen Würfel innerhalb einer »Namensskulptur« aus Jura-Marmor zwischen Stahlstützen bekommt. Die Würfel sind drehbar und lassen sich von allen Seiten individuell gestalten. Ein symbolischer »Seelenstuhl« bietet die Möglichkeit, Beigaben und Blumen abzulegen. »Der Friedhof muss Platz lassen für die Sehnsüchte der Menschen«, meint der Bildhauer.

Vom »Lebensgarten« zum »Letzten Garten«
Der Karlsruher Hauptfriedhof

»Kann ich Ihnen behilflich sein?« Sind Sie das jemals beim Betreten eines Friedhofs gefragt worden? Gehen Sie mal auf den Karlsruher Hauptfriedhof, den mit 130 Jahren angeblich ältesten kommunalen Parkfriedhof Deutschlands. An dessen Eingang wurde das bundesweit erste (Saarbrücken folgte) Informations-Center eingerichtet, in dem freundliche Menschen Auskunft rund um alle Fragen zu Bestattungen und Friedhof geben. Die Stadt Karlsruhe hat zusammen mit Steinmetzen, Gärtnern und Bestattungsunternehmen 2002 dazu eigens einen Verein zur Pflege der Friedhofs- und Bestattungskultur gegründet und mit Geldern aus einer Erbschaft ein schönes denkmalgeschütztes Wartehaus zum Info-Point umgebaut. Außerdem gibt es hier regelmäßig Ausstellungen, Führungen und Informationsabende und in ausliegenden Heften wird mit großer Genauigkeit beschrieben, was an Bestattungen möglich ist.

Der Friedhof verfügt über ein großes Areal von 34 Hektar, auf dem zwischen alten Gräbern und freien Flächen rund 4000 Bäume stehen. Deren Pate kann man schon zu Lebzeiten werden, sich innerhalb von fünfzig Jahren darunter bestatten lassen und sechs Urnen von Freunden oder Verwandten dazuholen. (Kosten zwischen 3500 und 4700 Euro, plus 446 Euro für jede Urnenbeisetzung.) Die Freiflächen sind so groß, dass in einigen Bereichen sogar Körperbestattungen unter dem eigenen Baum möglich sind, was sehr selten ist.

Vorzeigeobjekt ist der »Lebensgarten«, »ein Ort für die Lebenden, ein Ort des Überlebens, ein tröstender Lebensraum, in dem die Trauer ihren eigenen Weg gehen kann«. In diesem durchkomponierten parkähnlichen Areal, in dem es keine Bestattungen gibt, wurde auf jedes Detail geachtet. Sträucher, Steine und Bäume stehen auf wechselndem Untergrund wie Sand, weißem Kies, grobem Schotter oder Wiese. Überall stehen Info-Tafeln und Bänke zum Ausruhen. Ein mäanderförmig angelegter Fußweg mit 14 Stationen erinnert mit Symbolen und Sprüchen zunächst an die Zeit, »als noch alles in Ordnung schien«. Dann aber führt er durch den Trauerprozess mit all seiner Wut, Angst und den mitunter wiederkehrenden Schuldgefühlen. Meditative Stationen mit Gedichten und Skulpturen wechseln sich ab mit aktiven Plätzen, wo man ähnlich wie an einer Klagemauer schmale Kartonstreifen beschreiben und in ein hölzernes Gerüst stecken kann. Auffallend oft heißt es auf den Notizen: »Ich will mir Zeit lassen.« Ein betont unwirtliches steiniges Areal mit einem geschlossenen grau gestrichenen Bretterzaun steht für die zeitweilig empfundene Abgeschnittenheit vom normalen Leben. Zwei Gucklöcher nach draußen erinnern daran, dass es noch eine andere Welt gibt, in die man als Trauernder vielleicht doch wieder einmal zurückfindet. An anderer Stelle wird vorgeschlagen, einen Stein oder ein Blatt zu Füßen einer Statue abzulegen, einem Symbol, dem man vielleicht die persönliche Geschichte des Verzeihens oder der Klage anvertrauen möchte. Der Weg mündet in einen runden Platz mit Bänken, öffnet sich sozusagen wieder für den weiteren Lebensweg. Der Lebensgarten wurde auch für Freundinnen und Freunde oder Nachbarn eines trauernden Menschen konzipiert, die dessen Verhalten besser verstehen und Berührungsängste abbauen möchten.

Unter dem Begriff »Mein letzter Garten« tut sich sodann ein Landschaftsgräberfeld von über 5000 Quadratmetern auf, dessen Pflege komplett von den Friedhofsgärtnern übernommen wird. Auch hier wurde Wert auf symbolische Tiefgründigkeit gelegt. Die Besucher können sich ihre Grabstelle links und rechts eines kleinen Bachlaufs aussuchen, der mit einem zweistufigen Wasserfall beginnt und in einem trockenen Bachbett versiegt und so den Weg aller Menschen beschreibt. Neben Gräbern mit eigenem Stein gibt es anonyme und sehr viele halbanonyme Urnengräber. Die wechselnde Bepflanzung und Größe der Gemeinschaftsgräber, zusammen mit einer Vielgestaltigkeit von Grabmalen, beeindrucken. Hier stehen Namen und Lebensdaten zum Beispiel auf einzelnen flachen, quadratischen oder runden Steinen, die wie Dominosteine aneinanderlehnen und sich gegenseitig zu stützen scheinen. Andere Namen erscheinen auf übereinanderstehenden Würfeln oder werden in das Holz querliegender Eichenstämme geschnitzt.

Friedhofsleiter Matthäus Vogel erklärt im Interview die Hintergründe:

Was waren die Motive für die Umgestaltung der Karlsruher Friedhöfe?

Die Gesellschaft hat sich stark verändert, familiäre Strukturen nehmen ab und pflegeleichte wie pflegefreie Grabstellen sind gefragt. Also machen wir entsprechende Angebote und sorgen dafür, dass sich die Angehörigen in angemessener Weise von ihren Toten verabschieden können. Noch vor einigen Jahren hatten auch wir noch den halbstündigen Takt für eine Trauerfeier. Der beträgt jetzt grundsätzlich eineinhalb Stunden. Der Abschied am Grab selbst kann nun so lange dauern, wie die Angehörigen das möchten. Und in unserem Info-Center am Eingang des Hauptfriedhofs können die Menschen alle Fragen rund um den Friedhof stellen.

Haben die meisten Städte da nicht einiges verschlafen?

In den letzten Jahren haben die Kommunen von allen Seiten enormen Druck bekommen. Die Hauptfehler für die momentanen Probleme liegen bei der Öffentlichen Hand selbst. Den Friedhöfen hat man lange Zeit gar kein Interesse entgegengebracht. Was nicht unbedingt gemacht werden musste, wurde nicht gemacht. Trotzdem stiegen die Gebühren ständig, ohne eine angemessene Gegenleistung. Das liegt auch an den internen Strukturen. Oft ist die Friedhofsverwaltung im Wirtschaftsdezernat oder sogar im Entsorgungsbereich angesiedelt, obwohl das Ganze eigentlich zur Kultur gehört. Es wird zu sehr auf Kostendeckung und wirtschaftliche Ergebnisse geachtet. Die Funktion steht über allem. Dienstleistung aber verlangt hochmotivierte Mitarbeiter. Viele müssen wieder lernen, sich für ihre Arbeit zu begeistern.

Wie bleiben die Friedhöfe konkurrenzfähig?

Die Friedhöfe dürfen nicht länger als kostenrechnende Einrichtungen geführt werden, sondern müssen in ihrer Funktion als öffentliches Kulturgut auf eine teilweise steuerfinanzierte Grundlage gestellt, also bezuschusst werden. Friedhöfe sind Non-Profit-Unternehmen, die die Nutzer nur mit den tatsächlich angefallenen Kosten einer Bestattung belasten sollten. Wenn aber viele Nutzer wegbleiben, müssen die anderen umso mehr bezahlen. Das geht nicht. Unsere Aufgabe ist es, die Friedhöfe wieder zu einem für jedermann erreichbaren und bezahlbaren Ort der Erinnerung und der Trauer zu machen, wo eine aktive Auseinandersetzung mit dem Tabuthema Tod und Trauer möglich ist. Damit haben wir auch manch zweifelhaften Bestattungsideen etwas entgegenzusetzen. Denn wenn jemand meint, er müsse seine Asche zu einem Diamanten pressen lassen, hat das doch in erster Linie mit unseren vernachlässigten Friedhöfen zu tun.

Sparen an allen Ecken und Enden
Der Münchner Waldfriedhof

Der hundertjährige Münchner Waldfriedhof gehört mit 164 Hektar zu den größten in Deutschland. Vierzehn Eingänge führen zum Alten und Neuen Teil der weitläufigen Anlage. Der Alte Teil besitzt den größeren Pomp, eine schöne Halle und viele sehenswerte Prominentengräber. Hier liegen etwa die Schriftsteller Michael Ende und Lena Christ, die Nobelpreisträger Werner Heisenberg und Paul Heyse, die Maler Franz von Stuck und Franz von Lenbach, Kurt Huber, Mitglied der Weißen Rose, und die Regisseurin Leni Riefenstahl. Ein besonders schönes Denkmal bekamen der Dichter Frank Wedekind und seine Frau Tilly – bei ihnen tänzelt Pegasus, das geflügelte Pferd, auf einer goldenen Kugel.

Im Neuen Teil dominiert dagegen 60er-Jahre-Beton. Die Räume des Verwaltungsgebäudes liegen unmittelbar neben dem langen Aufbahrungsgang für die Verstorbenen der letzten Tage. Während der Dienstzeiten kann dort jeder entlang wandern und sich ein Bild davon machen, was das eigentlich heißt: »Der Sarg wird nun in die Kühlräume des Friedhofs überführt.« Fünfzehn Särge stehen aufgebockt und verschlossen hinter Glas, jeweils umgeben von sechs schmalen, exakt aufgereihten Buchsbäumen. Manche Särge brechen fast zusammen unter Blumenkränzen in mitunter erstaunlichen Farbzusammenstellungen, andere tragen hübsche kleine Gestecke und nicht wenige sind komplett schmucklos.

Der Leiter des Waldfriedhofs, Peter Mergel, arbeitet seit mehr als 20 Jahren in diesem Bereich. »Früher hat es viel mehr Abschiede am offenen Sarg gegeben, aber jetzt kommt das in dreißig Fällen vielleicht einmal vor«, berichtet er. Doch nicht nur das habe sich geändert. Da die Stadt noch ganz nach dem

Wirtschaftsprinzip arbeitet und den Friedhöfen, die immer weniger Einnahmen haben, keine weiteren Zuschüsse gibt, muss an allen Ecken und Enden gespart werden. »Früher hatten wir hier einmal dreißig Mitarbeiter für die Pflege, jetzt sind es noch zehn.« So werde nur das Nötigste gemacht. Mergel weist auf das schadhafte Pflaster vor der Aussegnungshalle hin, auf überall heraussprießendes Unkraut, auf Löcher in der Teerdecke der Wege. Es gibt allerdings auch weniger Besucher, die sich hier ein Bein brechen könnten. »Früher war an Allerheiligen so viel los, dass wir an jedem Tor Mitarbeiter postieren mussten, die den Leuten behilflich waren. Heute fahren alle über die Feiertage weg und stellen höchstens vorher lang brennende Lichter auf.«

Der Waldfriedhof hat 60 000 Grabplätze und bereits 17 000 anonyme Bestattungen auf der Wiese. Um diese Entwicklung aufzuhalten, gibt es jetzt auch Baumbestattungen. Bei Gemeinschaftsgrabplätzen werden bis zu acht Urnen um einen Baum herum beigesetzt. Die Gebühr für 50 Jahre beträgt pro Bestattungsplatz 700 Euro. Ein Familienbaum mit acht Plätzen für 50 Jahre kostet 2800 Euro. Alle Verstorbenen erhalten ein kleines Namensschild am jeweiligen Baumstamm und zusätzlich auf Wunsch eine Steinplatte im Waldboden.

Die Aussegnungshalle im Neuen Teil des Waldfriedhofs ist ein großes und zweckmäßiges Gebäude. Obwohl es weniger Bestattungen gibt, herrscht auch hier der schnelle Zeittakt. Das Kreuz an der Stirnseite kann für Nichtgläubige mit einem Griff durch einen Vorhang verdeckt werden. Nahebei gibt es ein muslimisches Grabfeld mit der Ausrichtung nach Mekka und dementsprechende Trauerfeiern. »Die Muslime benutzen die Aussegnungshalle meist gar nicht. Sie bahren ihre Toten gern draußen unter dem großen Vordach auf«, berichtet Mergel. Ganz in der Nähe liegt ein hübscher naturbelassener Teich, in dem der Verwalter selbst Fische ausgesetzt hat. »Hier kann man wunderbar abschalten.« Verantwortung lastet auf der bunt zusammengewürfelten Schar von Mitarbeitern genug. Denn hier erfahren wir erstmals, dass die meisten Bestatter überhaupt nicht auf dem Friedhof erscheinen. »Die fragen die

Angehörigen, was sie wollen, welcher Glaube, welche Blumen, welche Musik und ob ein Redner kommt. Das schicken sie uns in einem Fax herüber und das war's.« Zur Verdeutlichung dieses Gebarens verlässt prompt ein einsamer Friedhofsmitarbeiter mit einer Urne in den Händen und einem alten Mann an der Seite die Halle. In anrührender Bemühtheit um Würde biegen die beiden in einen schmalen Weg zum entfernt liegenden Grab ein. »Es gibt nur wenige Bestatter, die sich wirklich um die Menschen bemühen«, merkt Peter Mergel an. »Die kommen dann mit bunten Särgen und verbreiten eine ganz andere Stimmung.«

Später treffen wir den Friedhofsmitarbeiter am Grab des einsamen Abschieds. »Wissen Sie, wir dürfen die Urne ja niemals aus der Hand geben. Wir tragen die Urne hierher, versenken sie im Grab und machen alles wieder zu. Aber danach können wir nicht mehr kontrollieren, ob die ein Angehöriger vielleicht wieder herausholt.«

Am Beispiel München sei gezeigt, dass es sinnvoll ist, einmal in die örtliche Friedhofsgebührensatzung zu schauen. Manche Dienstleistungen erscheinen eher günstig, andere unverhältnismäßig teuer. Hier einige Merkwürdigkeiten:

- Aschenumfüllung inkl. Urne und Beschriftung: 49 Euro
- Urnentransport innerhalb der Stadt: 21 Euro
- Gebühren für Verlegungen von Leichen innerhalb der Stadt: 1321 Euro, nach auswärts: 885 Euro
- Zuschlag für über 30 Minuten dauernde Trauerfeiern in der Leichenhalle bei Erdbestattungen: 79 Euro, bei Feuerbestattungen: 49 Euro
- Zuschlag für die Benutzung der Lautsprecheranlage mit einem Lautsprecher: 161 Euro, mit zweien: 218 Euro.

Ideen gegen den Trend zum Anonymen
Der Städtische Friedhof in Görlitz

Die alte Stadt Görlitz an der Grenze zu Polen kann mit einer Fülle von Bauwerken aus Gotik, Renaissance, Barock, Gründerzeit und Jugendstil prunken. Auch der 28 Hektar große städtische Friedhof von 1847 besitzt eine große Anzahl historischer Grabanlagen und eine ungewöhnlich stilvolle Außenmauer. Mittendrin die Alte Feierhalle von 1874, die mit ihrer großzügigen Freitreppe, der mit Mosaiksteinen besetzten Apsis und einem Gang aus weißem und schwarzem Marmor den Kontrast zu vielen eher hässlichen Trauerhallen so richtig deutlich macht. Auch die 2003 angebauten kleinen Abschiedsräume wirken in ihrer Wandelbarkeit durchdacht und klar. Und das Krematorium von 1913 ist mit seinen typischen Jugendstilelementen sicher eine der schönsten Feuerbestattungsanlagen Deutschlands.

Der Friedhof hat viel zu bieten, aber zu wenig Nachfrage. Görlitz schrumpft, und viele Daheimgebliebene wollten ihre Asche im »Rosenbeet« begraben wissen, einem anonymen Gräberfeld auf dem Städtischen Friedhof. Bei 90 Prozent Urnenbeisetzungen fand zuletzt die Hälfte ohne Namensangabe statt und die alten Erdgräber verwaisten. Da entwickelte Friedhofsleiterin Evelin Mühle ein paar neue Ideen.

Wie läuft Ihr Konzept?

Die aus der Not heraus beschlossene Umwandlung großer Friedhofsteile in parkähnliche Anlagen zeigt erste Erfolge. Hier hat sich eine sehr artenreiche Tier- und Pflanzenwelt entwickelt. Im Sommer brüten Vögel in mehr als hundert Nistkästen. Man findet hier seltene Orchideen und Schlüsselblumen und kann den Waldkauz oder eine Nachtigall hören. Außerdem sind im waldähnlichen Teil jetzt auch Baumbestattungen möglich, was sehr gut angenommen wird.

Es gibt bei Ihnen Plätze in einer Mauergrabanlage. Was ist das?

Wir haben eine zweieinhalb Kilometer lange Friedhofsmauer,

bei der sich jedes Stück vom nächsten unterscheidet. Das liegt daran, dass begüterte Familien in den Anfängen des Friedhofs erst mal ein Stück Mauer bauen mussten, wenn sie in deren Schutz eine exklusive und abgezäunte Grabstätte errichten wollten. Dadurch ergab sich eine Fülle von Stilen und Materialien aus Granit, Backstein oder Marmor mit den verschiedensten Zierelementen, Aufbauten und Säulen. An dieser Mauer bieten wir seit einigen Jahren Gemeinschaftsgrabanlagen für Urnen an, ohne individuelle Gestaltung und Pflege. Wir erhalten die alten Bezeichnungen und fügen die neuen Namen hinzu. Wir entscheiden auch, ob wertvolle Grabplatten erhalten werden und welche dazukommen. Die Leute kaufen gewissermaßen die Katze im Sack, wenn sie sich für eine solche Anlage entscheiden. Aber die Bestattungen an der Friedhofsmauer sind sehr beliebt, die meisten finden es gut, dass wir alles für sie übernehmen. Gut laufen auch die Patenschaften für historische, besonders schützenswerte Mauergrabanlagen. Die Paten kümmern sich um deren Erhalt und dürfen dafür die Grabstelle für sich selbst und ihre Nächsten nutzen.

Sie konnten den Trend zum Anonymen aufhalten?

Ja, deutlich. Bei 550 Urnen- und nur 55 Erdbestattungen im Jahr müssen wir vor allem gute Urnenplätze anbieten. So gibt es jetzt Paargrabanlagen, die allen Paaren offen stehen – das können Geschwister, Mutter und Tochter oder ein homosexuelles Paar sein. Die Fläche kann selbst bepflanzt und gepflegt werden. Diese Paargräber gibt es auch unter Bäumen, bei denen je zwölf namentlich bezeichnete Gräber wie Tortenstücke abgeteilt sind. Jedes Areal hat einen Durchmesser von 4,50 Meter und wird durch eine Pflasterkante abgegrenzt. Im Urnenwäldchen kann man auch Bäume mit je vier Plätzen in alle Himmelsrichtungen für Freunde und Familie reservieren.

Noch nicht gelungen ist uns eine bessere Auslastung der schönen Feierhalle. In dem wunderbaren Jugendstilsaal gibt es Platz für 80 Personen. Man könnte hier große Abschiede feiern, sehr gern auch für Verstorbene aus anderen Städten.

Patenschaften sichern Kulturgüter
Erfahrungen aus Düsseldorf und Hamburg

Die Stadt Düsseldorf ist stolz auf mehr als 1000 alte Grabmale auf dem unter Denkmalschutz stehenden Golzheimer- wie auf dem Nordfriedhof. Um sie vor dem Verfall zu bewahren, ist man hier wie in anderen Städten auf die Idee der Patenschaft gekommen. Wer die Kosten für die Pflege und Sicherung eines dieser Kulturgüter übernimmt, kann die Grabstätte auch für sich selbst in Anspruch nehmen. Dafür wird dann eine neue Namenstafel im Stil und aus dem Material des historischen Grabmals hinzugefügt.

»Der Umbruch ist auch bei uns zu spüren«, meint Silke Wiebrock vom Städtischen Gartenamt. »Wir haben schon etliche Flächen aufgegeben oder umgewandelt. Wenige Erd- und viele Urnenbestattungen sorgen für jede Menge Patchwork-Gräber, und wir müssen uns was einfallen lassen, um noch Gestaltungsspielraum zu haben.« Man habe aber das ehrgeizige Ziel, alle dreizehn kommunalen Friedhöfe zu erhalten und durch parkähnliche Gestaltung als Erholungsraum für die Bewohner attraktiv zu machen.

Silke Wiebrock meint, dass viele Leute keine Ahnung mehr vom Tod hätten. »Sie beschäftigen sich einfach nicht damit, und wenn ein Todesfall bei ihnen eintritt, ist Holland in Not.« Deshalb biete die Stadt schon Kindergärten an, kleine Rundgänge über die Friedhöfe zu machen. »Die Kinder mögen das sehr und fragen nach, aber die Eltern haben oft Angst, ihre Kinder würden überfordert.« Aufklärung sei dringend notwendig, was die einzelnen Bestattungsarten und den Ablauf einer Beerdigung betreffe. Wer sich unüberlegt für eine anonyme Bestattung entscheide, bereue das hinterher oft. »Wegen der häufigen Nachfrage bieten wir eine günstige anonyme Bestattung an, bei der die Urne unter Ausschluss der Angehörigen beigesetzt wird. Immer wieder liegen dann auf dem Rasen Blumen, obwohl das nur an einer zentralen Stelle erlaubt ist.« Vielleicht ist da die angebotene Variante besser, die Urne unter Mitwirkung der Angehörigen an einer ausgewählten Stelle in einem Waldfeld zu bestatten oder, ganz neu, die Asche gemeinsam auf einem Rasenfeld zu verstreuen.

Am Herzen liegt der Friedhofsverwaltung die halbanonyme Bestattung mit einer biologisch abbaubaren Urne unter einem Baum. Silke Wiebrock wirbt so dafür: »Auf dem Baumfeld im Gerresheimer Friedhof stehen dafür zahlreiche Bäume zur Verfügung. Mittendurch führt ein schöner Kopfsteinpflaster-Weg, in dessen Granitsteine die Namen der Verstorbenen gemeißelt werden. Manchmal steht noch der Beruf oder ein Hobby dabei, manchmal auch nur ›Oma Liesel‹.« Die Pflege des Feldes übernimmt die Verwaltung.

Der Punkgruppe Die Toten Hosen scheint das Konzept der parkähnlichen Friedhöfe zu gefallen. Campino hat sich jedenfalls für die ganze Truppe schon ein besonders schönes Gräberfeld auf dem Südfriedhof gesichert. Dort sollen »so in 200 Jahren« mal Schulklassen vorbeipilgern. Der genaue Ort wird von der Verwaltung nicht verraten, man hat ein bisschen Angst vor nächtlichen Feiern an diesem möglicherweise Kult werdenden Platz.

Patenschaftserfahrungen gibt es auch in Hamburg. Dort existiert ein »Garten der Frauen« innerhalb des Ohlsdorfer Friedhofs. Im Jahr 2000 gründete eine Gruppe von Hamburgerinnen den gleichnamigen Verein, weil die Nutzungsdauer vieler Grabmale bedeutender Frauen aus der Geschichte Hamburgs abgelaufen und sie dem Verfall ausgesetzt waren. Der Verein sicherte sich ein Areal auf Deutschlands größtem Friedhof und bettet die Grabsteine der abgelaufenen Gräber hierher um. Wer sich als Mitglied und Mäzenin für den Erhalt dieser historischen Steine einsetzt, erwirbt gleichzeitig das Recht auf einen Urnenplatz im Garten der Frauen. Als Grabstein können einheitliche »Steinwellen« erworben werden, in die Namen und persönliche Daten eingraviert werden.

Trend Friedpark
Gräber unter Bäumen

Der kleine hessische Kurort Bad König hat seinen Friedhof alten Stils um einen Friedpark mit Urnenbestattungen unter Ginkgobäumen erweitert. Der Weg durch den Haupteingang des Friedhofs zeigt zunächst das übliche Bild. Schwarze Grabsteine in Reih und Glied vermitteln Düsternis und Strenge. Hundert Meter weiter überzeugt die offene Gestaltung einer über verschiedene Ebenen angelegten Grünanlage. Rund um 16 neu gepflanzte Ginkgo-Bäume stehen je 30 Urnenplätze zur Verfügung. Von den tortenförmig angeordneten Flächen können sich auch Paare einen Doppelplatz sichern. Alle bestatteten Personen werden auf einer Stele mit Namen und Lebensdaten genannt. Für alle gemeinsam steht am Rande der Wiese ein »Feldaltar« aus drei großen Natursteinen, an dem Kerzen, Blumen und Gestecke abgelegt werden können. (Der Preis beträgt 790 Euro pro Urne inkl. Rasenpflege für 30 Jahre.)

Etliche Städte haben die Idee der Baumbestattung aufgenommen und bieten diese unter dem Begriff Friedpark in »Waldgebieten« auf ihren Friedhöfen an. Die Asche wird dafür in der Regel in eine biologisch abbaubare Urne gefüllt und im Baumwurzelbereich beigesetzt. Einige Friedhöfe bieten sogar Körperbestattungen unter Bäumen an. Die Namensnennung ist auch hier mit einer kleinen Plakette am Baum, aber auch über ein zentrales Denkmal möglich.

In Anlehnung an das Gedicht Theodor Fontanes vom Birnbaum im Garten bietet der Friedhof Kemminghausen in Dortmund Baumgräber für je vier Urnen oder die reine Asche (!) mit einem gemeinsamen Gedenkstein an. Zentraler Punkt jeder Grabstätte ist ein Obstbaum, den sich die Angehörigen aus verschiedenen Sorten aussuchen können. Auf diese Weise soll eine Streuobstwiese entstehen.

Eine andere Variante hat sich der Humanistische Verband in Berlin überlegt. Ihm steht auf dem Waldfriedhof Zehlendorf ein 6000 Quadratmeter großes Gelände unter hohen Birken und Kiefern als Naturgrabstätte für Urnen zur Verfügung. Eine

Stele markiert das Areal. Hier bleiben die Grabstellen zwar offiziell anonym, die Plätze können aber von den Angehörigen selbst ausgewählt werden.

Der Künstler Harry Kramer arbeitet seit längerem an einem Bestattungskonzept für Künstler mitten in der Landschaft des Kasseler Habichtswalds. Bereits zu Lebzeiten haben ausgewählte Künstler/-innen die Möglichkeit, dort ihr Grab und Grabmal ohne jede Auflage zu gestalten. Zu dieser »Künstler-Nekropole« werden regelmäßig Führungen angeboten.

Eine völlig andere Bestattungsform gibt es neuerdings in Saarbrücken. Hier werden oberirdische Grabkammern für Körperbestattungen angeboten, ein Service für Italiener in Deutschland, für die dies eine vertraute Bestattungsform ist und eine Alternative für alle Menschen, die nicht unter die Erde möchten.

Treffen im Friedhofs-Café
Was in Berlin klappt und in Hamburg nicht

Neuartig auf deutschen Friedhöfen sind auch gastronomische Einrichtungen.

Die Wände des kleinen Cafés »Finovo« sind mit Blumen bemalt, echte Blumen und hübsche Decken gibt es auf den Tischen, und Papierlampen sorgen für ein schönes Licht. Es sollte gemütlich werden, sein Friedhofs-Café, das war dem Künstler und ehemaligem Krankenpfleger Bernd Boßmann wichtig, als er nach langer Suche auf dem St. Matthäus-Friedhof in Berlin-Schöneberg ein leerstehendes Gebäude für seine Zwecke entdeckte. »Es gibt auf den Friedhöfen viel zu wenig Möglichkeiten, sich mal aufzuwärmen, was zu trinken und mit anderen Besuchern ins Gespräch zu kommen«, meinte er in einem Interview. Jetzt gibt es hier Kaffee, Kuchen und Kultur in Form von Lesungen und Diskussionen. Die Besucher sind dankbar für Berlins einziges Friedhofs-Café, und Boßmann ist beglückt über ihr Kommen. »Ich sehe die Menschen an ihrem tiefsten Punkt und dann erlebe ich, wie es ihnen nach und nach besser geht. Wie fast vertrocknete Blumen, die Wasser bekommen.«

Anders ist die Situation in Hamburg. Dort wollte der Leiter des Öjendorfer Friedhofs, Siegfried Carstens, schon vor Jahren eine überzählige Trauerhalle in ein großes Café umwandeln. Protest kam vom jungen Niels Quistorff, dem zuständigen CDU-Ortschef. »Es wäre geschmacklos, direkt neben den Gräbern unter freiem Himmel Kaffee und Kuchen zu servieren«, schmetterte er den Antrag 2002 ab. »Immer werden wir aufgefordert, serviceorientierter und kostenbewusster zu arbeiten, doch wenn wir etwas anbieten wollen, werden wir gestoppt«, stellt Carstens dazu bitter fest. Ein Café gibt es bis jetzt nicht.

»Unsere Arbeit hat sich deutlich verändert«
Ludwig Koch, Grabmacher, Moosburg

Was im Norden Deutschlands der Totengräber, ist im Süden der Grabmacher. Für beide stimmt, dass es im wahrsten Sinne des Wortes ein Knochenjob ist. Was wohl nicht stimmt, ist unsere landläufige Vorstellung von einem Totengräber.

Ludwig Koch beispielsweise ist ein gutaussehender Mann Mitte fünfzig mit strahlend blauen Augen unter dem modischen schwarzen Hut. Eigentlich wollte er nach dem Abitur Sozialpädagoge werden, brach das Studium aber ab, als er Vater wurde und schnell Geld verdienen musste. Und dafür hat er nicht den schlechtesten Job gewählt. Viele Grabmacher arbeiten im Akkord und Koch hat auf dem Münchner Nordfriedhof schon vor zwanzig Jahren 5000 DM und mehr im Monat verdient, genug, um der Familie ein Haus zu bauen und ein ordentliches Auto zu fahren. Das hieß allerdings, täglich draußen in Moosburg um 4 Uhr aufstehen, um 5 Uhr zum Dienst antreten und lange Jahre auch samstags und sonntags zu arbeiten, solange die Gräber noch mit der Hand auf 1,80 Meter Tiefe ausgehoben werden mussten. Inzwischen hat sich diese Arbeit deutlich verändert. »Seit den neunziger Jahren machen wir das nicht mehr per Hand, sondern mit einem ganz schmalen Bagger, was zwischen den engen Grabstellen häufig einer Sisyphusarbeit gleichkommt. Da geht es manchmal um ein, zwei Zentimeter und es dauert lange, bis ein Neuer alle Kniffe kennt.« Es kommt durchaus vor, dass einer mitsamt dem Bagger in die halb ausgehobene Grabstelle stürzt.

Da heute meist nur noch ein Fähnchen an das auszuhebende Grab gesteckt wird, ist es auch schon vorgekommen, dass Koch das Loch an einer falschen Stelle ausgehoben hat. Ein Besucher wollte offenbar einen Witz machen und hatte die Fahne umgesteckt. »Das Ganze fiel erst nach der Beerdigung auf. Wir mussten den Sarg wieder ausgraben und umbetten.«

Das war unmittelbar nach der Beerdigung einfach. Schwieriger sind dagegen Umbettungen nach vielen Jahren. Angehörige aus anderen Städten oder Ländern stellen mitunter den Antrag, einen schon länger Beigesetzten in ihre Heimat zu überführen, weil er im Familiengrab oder einfach in ihrer Nähe beerdigt werden soll. »Mit den Urnen ist das kein Problem, aber wenn der Leichnam vor längerem beerdigt wurde, kann das je nach dem Zeitraum der Verwesung fürchterlich sein. Wir machen diese Exhumierungen deshalb auch nur im Winter und um 6 Uhr morgens.« Grabmacher müssen dann Mundschutz tragen und werden jedes Jahr gesundheitlich durchgecheckt.

Selbst nach voll abgelaufenen Ruhezeiten ist nicht jedes Grab im gleichen Zustand. Der Grad der Verwesung ist von vielen Faktoren abhängig. Auf dem Münchner Nordfriedhof etwa beträgt die Ruhefrist nur zehn Jahre, weil der kieshaltige Boden sehr luftdurchlässig ist. Schon auf der anderen Seite der Isar herrscht ein lehmiger Boden vor, der bei Regen verklebt und 25-jährige Ruhefristen erforderlich macht.

Ludwig Koch erzählt bei unserem Gespräch auch von seinen privaten Erfahrungen mit dem Tod. Er hat vor Jahren seinen eigenen Sohn durch einen Unfall verloren. »Er war 16 Jahre alt und wollte einen Hund aus dem Wasser retten. Dabei ist er ertrunken.« Damals hat Koch die Macht der katholischen Kirche auf dem Land kennengelernt. »Mein Sohn war nicht getauft, aber meine Schwiegermutter hat sich so sehr den Segen der Kirche gewünscht, dass uns der alte Pfarrer gern begleitet hat. Als der Hauptpfarrer von Moosburg am nächsten Tag ein Foto der Beerdigung in der Zeitung sah, auf dem dieser Pfarrer mit Stola und Kreuz zu sehen war, verbot er ihm mit Unterstützung seiner Vorgesetzten in München jegliche Amtsausübung und den weiteren Zutritt zur Friedhofskapelle.« Die zweite Auseinandersetzung entstand durch den Wunsch der Familie, ihrem Jungen einen Stein mit einem Kapitell in Form der Akropolis aufs Grab setzen zu lassen. »Der Plan dafür wurde abgelehnt. Da musste ich dann zum Kirchenamt gehen, so lange, bis die nachgegeben haben.«

Den heimischen Friedhof haben sich die Kochs durch den Streit aber nicht verleiden lassen. »Dort haben wir erfahren, dass der Friedhof wirklich eine wichtige soziale Funktion hat. Direkt neben unserem Sohn wurde ein 19-Jähriger beerdigt und die beiden Mütter haben sich am Grab kennengelernt und angefreundet.«

Umweltprobleme auf dem Friedhof – Neues Denken dringend erforderlich

Untersuchungen haben deutlich gemacht, dass viele Friedhöfe aus Nichtwissen oder aufgrund von städtischen Eigentumsverhältnissen an denkbar ungünstigster Stelle angelegt wurden. Feste lehm- und tonhaltige Böden lassen zu wenig Sauerstoff durch, felsiger Untergrund und zu hohes Grundwasser behindern die Verwesung des Leichnams. Bodenkundler schätzen insgesamt 40 Prozent der deutschen Friedhöfe in dieser Hinsicht als problematisch ein. Das heißt, dass dort nach Ablauf der Ruhezeiten größere Verwesungsstörungen vorliegen, etwa in Form von Wachsleichen, weshalb deren Liegezeit verlängert und das Bodenumfeld verbessert werden muss. Unter großer Geheimhaltung rücken dann die Friedhofssanierer an, um Drainagen zu legen, den Sauerstoffgehalt des Bodens zu verbessern und die Gräber durch Blähton, Sauerstoffbatterien oder Belüftungsrohre optimaler zu belüften. Einige Städte haben schon begonnen, unterirdische Grabkammern aus Beton zu errichten, die über feine Filtersysteme mit Luft versorgt werden.

An diesen Umweltbedingungen können Laien wenig ändern. Sehr wohl aber können auch sie ihren Beitrag zu einer angemessenen Totenruhe leisten. Ein luftundurchlässiger Boden verhindert den Verwesungsprozess zwar wesentlich mehr als das Material von Särgen, Fachleute sind sich aber einig, dass die richtige Auswahl der Särge, Kleidung und weiterer Materialien auch eine wichtige Rolle spielt.

So beklagt die Sargbranche zu Unrecht die gesunkene Nachfrage nach Eichensärgen, die zuletzt nur noch 15 Prozent der Trauernden kauften (2001 waren es noch 24 Prozent) und gibt ein neues Prüfsiegel für Vollholz heraus, womit eine Mindestdicke von »20 mm an ungekehlter Stelle« garantiert wird. Zusätzlich enthalten viele Särge Metallstreben, um den Sarg noch stabiler zu machen. Viele Vertreter der Bestattungsbranche glauben nämlich (oder behaupten auch nur), Särge benötigten eine große Druckfestigkeit, um dem Erddruck auf Jahre zu widerstehen und die Verwesung nicht zu behindern. »Völliger Unsinn«, sagt der Friedhofssanierer Heinrich Kettler von der Firma Cemterra GmbH in Münster. »Die ganze Branche besteht aus Mythen. Tatsächlich braucht eine Leiche 400 Liter Luft pro Tag zur Verwesung, und die ist im Sarg natürlich sofort verbraucht.« Fachleute vom baden-württembergischen Landesamt für Geologie in Freiburg nennen die Bevorzugung von Hartholzsärgen klar eine »Fehlentwicklung«. »Eichenholz hat einen wesentlich höheren Lignin- und Gerbstoffgehalt und damit eine deutlich längere Abbauzeit.« Der Sachverständige für Bodenfriedhofskunde, Michael C. Albrecht aus Hannover, hat in einer Untersuchung nachgewiesen, dass bei Weichholzsärgen zu 58 Prozent eine »ausreichende Leichenumsetzung« stattfand, bei Hartholzsärgen aber nur zu 32 Prozent. Fazit: »Je kompletter der Sarg erhalten war, desto größer waren die Verwesungsstörungen.« Auf den Karlsruher Friedhöfen hat man deshalb bereits die Ruhefrist für Hartholzsärge auf 30 Jahre verlängert, bei Weichholz sind es nur 20 Jahre.

Michael C. Albrecht weist auch auf die Bedeutung der Bekleidung der Toten hin. Er hat bei seiner Untersuchung festgestellt, dass in einem Viertel der Gräber die Leichenkleidung gut erhalten war und eine normale Verwesung des Menschen verhindert hatte. »Graböffnungen der letzten Jahre entstammen der Bestattungsphase um 1970 und weisen nahezu alle deutliche Verwesungsstörungen auf, weil die Leichen in luftundurchlässigen Materialien bestattet wurden.« Dies sind Kunstfasern wie Polyester, die lange Zeit auch für Kissen, Decken und Matten verwendet wurden. Das neueste Gütesiegel des Zulieferverbandes für das Bestattungsgewerbe (VDZB) deutet auf geringe Lernfähigkeit. Dort heißt es: »Diese zertifizierte Bestattungswäsche besteht aus Naturfasern mit maximal 30 Prozent Synthetikanteil.« Für Albrecht ist das eine »Mogelpackung«. »Synthetik baut sich schlecht ab.« Nach seiner Beobachtung werden auch immer noch viele Sargböden mit Plastikfolien bedeckt, die dann über Jahrzehnte wie eine Wanne das Wasser aufsammeln würden. Seine Forderung: »Sowohl die Auskleidung des Sarges wie die Bekleidung der Toten sollte unbedingt biologisch abbaubar sein.«

Eine weitere Umweltbelastung stellen die unzähligen Sarggriffe, Beschläge und Verstrebungen aus Metall dar. Führt man sich allein die üblichen sechs Tragegriffe eines Sarges vor Augen, kann man sich vorstellen, wie viele Millionen dieser Griffe aus Messing, Kupfer oder Gusseisen unter der Erde liegen. Dazu meint der Bodenkundler Dr. Heiner Fleige von der Universität Kiel: »Es wäre besser, stabile Holzgriffe zu verwenden, weil Schwermetallbestandteile wie Cadmium und Zink sich nach unten verlagern und das Grundwasser verseuchen können.« Eine Untersuchung Berliner Friedhöfe hatte dort 1997 eine Schwermetallanreicherung festgestellt, die »vermutlich« durch Sargbeschläge etc. verursacht wurde. Tatsächlich gibt es bis heute keine eigenständige Untersuchung über die Belastung der Böden durch die Metallanteile der Särge. Stattdessen werden bei jeder Wiederbelegung eines abgelaufenen Grabes nicht nur die Knochen oder die Urne umgebettet bzw. entsorgt, sondern auch allerhand Restmüll unauffällig zur Seite geschafft.

Grabformen im Überblick

Körperbestattung:
Für die Beisetzung des Leichnams in einem Sarg wird meist der Begriff »Erdbegräbnis« oder »Erdbestattung« verwendet. Dafür stehen auf jedem Friedhof Reihengräber und meist auch Wahlgräber zur Verfügung. Diese Gräber können nach bestimmten Vorgaben gestaltet und müssen selbst gepflegt werden.
Das **Wahlgrab** ist an verschiedenen Stellen des Friedhofs frei wählbar und wird oft von Familien erworben. Es kann ein Einzel- oder Doppelgrab sein, Menschen können neben- oder übereinander beerdigt werden. Letzteres nennt man dann **Tiefgrab bzw. Stockwerkbestattung.** Meist können hier zusätzlich mehrere Urnen bestattet werden. Die Laufzeit für Wahlgräber beträgt ca. 25–40 Jahre und kann oftmals verlängert werden. Die Erwerbs- und Unterhaltskosten sind allerdings sehr hoch.
Reihengräber werden nacheinander vergeben, es ist also Zufall, wer rechts und links neben einem liegt. Manchmal hat man aber die Auswahl, in welchem Bereich des Friedhofs man das Grab erwirbt. Die Liegezeiten können nicht verlängert werden und sind mit ca. 15–30 Jahren meist kürzer als beim Wahlgrab.
Gemeinschaftsgrab: Dies ist ein neues und günstiges Angebot. Es werden z. B. vier oder sechs Gräber in einer einheitlichen Gestaltung zusammengefasst, die einzelnen Gräber nicht abgegrenzt, meist aber mit dem Namen der Verstorbenen gekennzeichnet. Keine Grabpflege, gemeinsame Ablagestelle für Blumen oder Kerzen.

Aschebestattung:
Für die Urnenbeisetzung gibt es sehr viel mehr Angebote. Auch hier gibt es **Wahlgräber** für eine oder mehrere Urnen, mit eigener Gestaltung und Grabpflege. Meist sind Urnengräber nur halb so groß wie ein Erdgrab.
Ein **Urnenreihengrab** erwirbt man für jeweils eine Urne.

Ein **Urnengemeinschaftsgrab** ist preiswerter. Die Pflege der gemeinsamen Fläche wird mit dem Kauf eines Platzes für immer abgegolten. Es gibt Anlagen für sechs oder auch 100 Urnen. Es können anonyme Felder sein oder die Namen werden auf einzelnen Tafeln oder gemeinsamen Stelen verewigt. Diese Grabform gilt als zukunftsträchtig.
Kolumbarien: Der Name ist vom lateinischen Wort für Taubenschlag abgeleitet und wurde im ersten Jahrhundert nach Christus in Rom für die erstmals gebauten Begräbnisstätten mit kleinen Nischen für Aschenurnen verwendet. Heute bezeichnet man als Kolumbarium Gebäude, Gewölbe, Mauern oder Wände, die zur Aufbewahrung von Urnen dienen und meist auf Friedhöfen oder in Krematorien zu finden sind. Neu sind die Wiederverwendung von Kirchen als Kolumbarien oder private Kolumbarien, die von Bestattern eingerichtet werden. Solche Räume können von den Angehörigen jederzeit besucht werden. Es gibt inzwischen sehr schöne Varianten aus verschiedenen Materialien, die auch Raum für Blumen oder Erinnerungsstücke bieten.

»Rhabarber aufs Grab«
Christine Ebgen, Friedhofsgärtnermeisterin, Hamburg

Sie gehört zu diesen Menschen, die gleichermaßen temperamentvoll wie empfindsam zu sein scheinen. Wenn sie über die verschnarchte Friedhofsbranche spricht, poltert sie gern ein bisschen, findet vieles »Mist«, aber wenn es um ihre Kunden geht, kommt ihre feinnervige Seite zum Vorschein.

Christine Ebgen hat mit Anfang dreißig ihren Bürojob verlassen und nach einer Lehre ihre Meisterprüfung als Friedhofsgärtnerin in Hamburg abgelegt. »Ich hatte einen sehr guten Lehrer, der mir die richtige Flamme für den Beruf mitgegeben hat. Aber der hektische Umgang mit den Toten und Trauernden auf dem Friedhof hat mir missfallen. Alles muss schnell gehen und wehe, bei der Beratung kommt kein Auftrag heraus.« So hat sie sich 2006 selbständig gemacht und bietet ihren Kunden diverse Dienstleistungen von der reinen Beratung über die gemeinsame Bepflanzung bis hin zur Betreuung des Grabes auf Jahre hin an. »Meine Firma heißt ›Der letzte Garten‹, weil das Grab ja wirklich der letzte Wohnort des Menschen ist. Und dort sollte es nicht irgendeine lieblose Bepflanzung geben, sondern etwas, was mit der Person zu tun hat. Deshalb spreche ich ganz in Ruhe mit den Angehörigen und versuche herauszufinden, was die Lieblingspflanze, Farbe oder Jahreszeit ihrer Verstorbenen war. Welche Hobbys sie hatten, wohin sie gern gereist sind.«

So fand Ebgen im Gespräch mit einer älteren Witwe heraus, dass deren Mann einen Bauerngarten mit Kräutern pflegte, dass er gern gekocht hat. Sie pflanzte ihm Schnittlauch aufs Grab. »Die immerhin 80-Jährige war ganz selig darüber und meinte: ›Mein Mann hat bestimmt viel Spaß daran, dass Schnittlauch auf seinem Kopf wächst‹.« Ein Geiger mit Haus in Irland hatte dort Hortensien gezüchtet. Die Gärtnerin stellte mit Gräsern und einem schroffen Stein das Land nach und probierte es mit einer Kletterhortensie, trotz nichtsauren Bodens und praller Sonne. »Vielleicht sagt sie, ich bleibe hier«, habe sie sich überlegt, »und sie hat sich wirklich fest verwurzelt.« Eine Frau aus Süddeutschland bekam einen Rosenbogen mit zwei Strauchrosen der Sorte Burghausen (»Bögen sind hier aber verboten«, hieß es zunächst), einem Mann aus den Vier- und Marschlanden pflanzte sie ein kleines Apfelbäumchen aus dieser Region aufs Grab. »Das alles muss gar nicht pompös und teuer sein, es sollte nur zu dem Menschen passen. Ich habe auch schon Rhabarber und Mangold gepflanzt, richtig schöne Pflanzen.«

Die Gärtnerin bietet an, das Grab gemeinsam mit den Angehörigen zu bepflanzen. »Ich mache die groben Arbeiten und sie können beim Einpflanzen helfen.« Manche zierten sich, hätten Angst, auf dem Kopf ihres Toten herumzulaufen. »Aber dann arbeiten und reden wir miteinander, ruckzuck vergehen die Stunden und hinterher sind sie glücklich.« Christine Ebgen nimmt sich viel Zeit für das erste Gespräch, fragt so lange nach, bis ihr die ersten Ideen kommen. »Ich gehe dann damit schwanger, schlage auch viel in Fachbüchern nach und lege am Ende ein paar handkolorierte Zeichnungen vor.« Der Aufwand scheint sich zu lohnen. »Bis jetzt ist noch aus jeder Beratung ein Auftrag geworden!«

Eine engagierte Fachfrau wie sie seufzt über all die »einfallslosen und ängstlichen« Kollegen. Selbst die jungen führen auf der konventionellen Schiene, statt etwas Neues zu probieren und sich wie sie in England oder einer Baumschule weiterzubilden. »Viele nehmen nach der Prüfung kein einziges Buch mehr in die Hand und fürchten sich gleichzeitig vor der Zukunft.«

»Den Friedhöfen ein neues Gesicht geben«
Hermann Rudolph, Steinmetz, Obergünzburg

Hermann Rudolph aus Obergünzburg in Schwaben ist Gründungsmitglied des »Arbeitskreises für Friedhofskultur«, einem Zusammenschluss verschiedener Dienstleister, die vom Friedhof leben. »Ich habe früh die Zeichen der Zeit erkannt und mich nicht auf meinen Lorbeeren ausgeruht«, erklärt der Steinmetz. Spätestens seit zehn Jahren sei zu erkennen gewesen, dass die Menschen nach anderen Möglichkeiten der Bestattung suchten. Aber die Friedhofsbranche wollte »keine schlafenden Hunde wecken«, meint er. »Ich habe in der Handwerkerinnung gesagt, wenn wir nichts machen, wer dann?« Rudolph beobachtete die Leute auf dem Friedhof, achtete auf die Abläufe, machte eigene Umfragen, besorgte sich die Zahlen der Bestattungen. »In Orten wie Günzburg und Memmingen sind die Verbrennungen auf 50 bis 60 Prozent gestiegen. Die Menschen wollen kleinere Grabflächen, weniger Kosten und weniger Pflege. Zum Teil werden Gräber schon aufgelassen, obwohl noch Jahre für sie bezahlt werden muss. Was also anbieten? Eine anonyme Bestattung ist für mich nicht mehr als eine ›Entsorgung Mensch‹. Die Bestattung in Urnenwänden wird oft nachgefragt, scheint aber auch Probleme mit sich zu bringen. Die Angehörigen haben in der genormten Anlage keine Möglichkeiten, Blumen oder Lichter abzustellen.« Er habe auch beobachtet, dass an solchen Wänden niemand stehenbleibe. »Der Friedhof aber lebt nicht von den Toten, sondern den Lebenden. Er ist ein Ort der Kommunikation, und die findet eher vor einem individuellen Grab statt.« Da könne man auch leichter mit dem Verstorbenen reden, seine Trauer, Wut oder auch mal seine Freude ausdrücken.

Rudolph verfolgt als Steinmetz natürlich eigene Interessen, aber er scheut sich nicht, auf Fehler hinzuweisen. »In unserem Beruf wurden jahrzehntelang Fehler gemacht. Was wir dabei für Steinwüsten auf den Friedhöfen geschaffen haben!« Jeder müsse jetzt dabei helfen, den Friedhöfen ein neues Gesicht zu geben. Sein Hauptaugenmerk gilt den »zukunftsorientierten Urnengrabplätzen«, für deren Gestaltung er schon einige Auszeichnungen erhalten hat. Ein Vorzeigeobjekt ist die sogenannte integrierte Urnenbestattung auf dem nur vier Hektar großen Katholischen Friedhof in Kempten. Wie auch in anderen Städten lagen dort viele Grabfelder für Erdbestattungen brach, für die Urnen aber fehlte der Platz. Also hat man die Urnenplätze ins Erdgräberfeld integriert. Aber doch mit allerhand Auflagen. »Wir wollten keine liegenden Steine, sondern nur aufrechte.« Warum? »Es stört die Optik und es besteht große Unfallgefahr, wenn die Besucher zwischen liegenden und stehenden Grabmalen herumlaufen.« Die Steine müssen mindestens 1,20 Meter hoch und sollten höchstens 40 Zentimeter breit sein, was einer schlanken Stele entspricht. Darüber hinaus scheint alles erlaubt zu sein, Holz, Glas, Schmiedearbeiten, Materialienmix, Ornamente, Symbole, Sprüche. »Ich biete inzwischen allen Auftraggebern an, an ihrem Gedenkstein mitzuarbeiten oder bei der Arbeit zuzuschauen. Viele scheuen sich zuerst und wehren ab, aber dann merken sie, wie wohltuend das für ihre Trauer ist.«

Das Entscheidende bei den integrierten Urnengräbern aber ist deren Variabilität. Sie sind mit 120 mal 80 Zentimetern kleiner als übliche Gräber und werden in drei Formen angeboten: einer Steineinfassung, einer unauffälligen Bandeiseneinfassung für eine individuelle Gestaltung oder ganz ohne Pflanzfläche mit einem begehbaren Untergrund aus Kies oder Wiese, der von der Gemeinde unterhalten wird. »Viele sagen, wir wollen etwas Pflege machen und entscheiden sich für eine Einfassung. Wenn die Leute älter werden oder wegziehen, kann das Grab dann jederzeit eingeebnet werden.« Und umgekehrt. »Manche bedauern nach einer Weile, dass sie keine eigene Pflanzfläche haben und lassen nachträglich eine Umrandung anlegen«, hat Hermann Rudolph nun schon öfter erlebt.

Auch bei Erdbestattungen brauche man pflegeleichte Angebote. Überhaupt müssten viele Friedhofskonzepte überdacht werden, meint der Steinmetz. »Warum werden denn alte Friedhöfe in den Großstädten so gut angenommen? Weil sie zum Spazierengehen und Verweilen einladen. Auf den Freiflächen, die jetzt entstehen, müssen wir Oasen schaffen, kleine Ruheinseln mit geschützten Bänken und schöner Bepflanzung.«

Grabsteine ohne Kinderarbeit

Die Freiburger Initiative XertifiX Germany (Adresse im Anhang) entwickelte, aufgrund grauenhafter Berichte über Kinderausbeutung in indischen Steinbrüchen, 2005 die Idee einer Siegelung von Steinen, die garantiert ohne Kinder- und Sklavenarbeit hergestellt sind. XertifiX koordiniert die Arbeit der indischen Partner und motiviert deutsche Steinmetze zum Kauf »sauberer« Steine. Einige Städte wie Freiburg und München sowie das Saarland haben ihre Friedhofssatzungen bereits dahingehend geändert, dass nur noch ohne Kinderarbeit hergestellte Steine mit Siegel auf ihren Friedhöfen aufgestellt werden dürfen.

»Stark personenbezogene Grabmale« Michael Spengler, Bildhauer, Berlin

»Nach meiner Ausbildung zum Steinmetz hat mich das Bildhauerstudium an der Kunstakademie in Turin und die Strömung der Arte Povera stark geprägt. Die Poveristen sind materialversessen und haben mir eine hohe Sensibilität für Materialien vermittelt. Ich habe dann in Berlin häufig als Restaurator für das Museum der Neuen Synagoge gearbeitet, eine Tätigkeit, bei der man sich als Künstler ja eher zurücknehmen und sich auf alte Sichtweisen einlassen muss. Mit meiner Idee der »Denkwerke«, stark personenbezogener Grabmale, arbeite ich jetzt an einer Symbiose dieser unterschiedlichen Schulen.

Anfangs ging ich von Bestatter zu Bestatter, um ihnen mein Konzept vorzustellen. Aber viele sind fest verbandelt mit bestimmten Steinmetzen oder verlangten gleich fünf oder zehn Prozent Provision pro Auftrag von mir. Da fließt viel Geld hin und her. Darauf habe ich mich nicht eingelassen.

In meine Werkstatt kommen Menschen, die einen Angehörigen oder eine Freundin verloren haben und sich einen besonderen Grabstein für ihn oder sie wünschen. Wir führen lange Gespräche über den Verstorbenen, wie er gelebt und was er geliebt hat, wobei ich auch sehr assoziativ nachfrage. Wenn derjenige ein Fluss gewesen wäre, welcher hätte es sein können, welche geometrische Form hätte zu ihm gepasst und so weiter. Sehr viel Zeit verwenden wir auf das Material. Die meisten von uns sind sehr haptisch orientiert und so nehmen die Besucher diverse Holz- oder Steinproben in die Hand und lassen sich über deren Charakter erzählen. Wenn ich ihnen sage, dass der Sandstein vielleicht mal eine Bergspitze war, die abbrach, auf dem Weg den Fluss hinunter fein zermahlen und am Ende neu verbacken wurde, so entdecken manche Berührungspunkte mit dem Toten oder sie entscheiden sich für den höchst sensiblen Marmor oder einen Granit mit seinem Hang zur Ewigkeit. Das Ganze kann mit einem Fundstück verbunden werden, das an den Toten erinnert, ebenso können Blei, Kupfer und Holz mit Stein kombiniert werden. Als Restaurator habe ich gelernt, welche Verbindungen dauerhaft sind und eine Patina ansetzen, statt irgendwann kaputtzugehen.

In meinem Atelier fließen viele Tränen, aber es gibt auch humorvolle Momente. Ich lerne Menschen in einem Moment kennen, in dem sie sehr offen sind und viele Eitelkeiten abfallen. Natürlich ist das subjektiv, was sie mir über die Verstorbenen erzählen. Aber ich nehme das als Anregung auf und versuche, dem gelebten Leben über das Material auf die Schliche zu kommen. Nach dem Besuch lasse ich das Ganze erst mal sacken, zeichne dann ein Modell und recherchiere die Kosten. Beim nächsten Besuch entscheidet sich dann erst, ob ein Auftrag daraus wird. Ich habe also einen sehr aufwendigen Vorlauf. Meine Preise bewegen sich bei aller Individualität meiner Denkwerke im Rahmen ganz konventioneller Grabsteine. Die meisten kosten 2000 bis 3000 Euro, manche auch nur 800 Euro, andere 15 000 Euro. Insgesamt liegt mir nichts daran, etwas Elitäres zu entwickeln, sondern eine einzigartige Form für einen einzigartigen Menschen zu schaffen. Wir müssen uns dabei natürlich auch an die Vorgaben der Friedhöfe halten, was Größe und Umfang betrifft. Gerade versuche ich, einen Stein durchzusetzen, der von der Friedhofsleitung als zu klein (!) abgelehnt wurde. Meistens aber kann ich mit denen reden.«

Einen guten Überblick über kleine Grabsteine und ihre Gestaltung bietet die Webseite des Anbieters Hubert Többen aus Syke in Norddeutschland (siehe Anhang). Hilfreich sind die dort ausführlich beschriebenen Maße und Gewichte, Schriftarten, Motive (wie etwa ein Porträt des Verstorbenen) und die Möglichkeiten der Hintergrundgestaltung. Die meisten Grabkissen und Platten sind so konzipiert, dass sie nach Hause geschickt werden und selbst auf dem Grab angebracht werden können.

Kreuze aus Glas

Sein erstes Kreuz aus Glas hat Willi Poiger für seinen Vater angefertigt, der wie er selbst Glashandwerker war. Mitten unter schwarzen Grabsteinen leuchtet es in leichten durchsichtigen Farben auf dem Windberger Friedhof bei Straubing und brachte Poiger den Ruf eines Glaskünstlers ein. Seither bekommt er immer wieder Aufträge für gläserne Grabkreuze, eine akribische und langwierige Arbeit mit dem Diamantbohrer, die nur wenige beherrschen. Wenn die Form steht, wird das noch unbemalte Stück durch einen hundert Meter langen Tunnel geschickt und auf 630 Grad erhitzt, um es anschließend schlagartig zu kühlen und zu härten. Auf diese Weise entsteht Sicherheitsglas, das »bis in alle Ewigkeiten« halten soll und damit jedem Stein überlegen wäre. Eine spezielle Gravurtechnik ermöglicht es, Inschriften, Texte oder Symbole in die Glasfläche einzubringen. Die Kreuze werden mit Edelstahlhalterungen im Boden befestigt. Im Umgang mit renitenten Friedhofsverwaltungen kennt Poiger sich aus und bietet Interessenten Hilfe für die Genehmigung seiner Kreuze an.

Leuchten aus Stahl

Wer sich schon jemals auf die Suche nach einer schlichten und schönen Grablampe bei Steinmetzen, Gärtnereien oder dem Bestattungshandel gemacht hat oder die Gräber eines Friedhofs auf der Suche nach einem guten Beispiel durchkämmt hat, kann die Tiefe des Grauens ermessen, die einen beim Anblick all der gehämmerten, messingbrünierten Lampen aus schwerem Metall ergreift.
Schöne und schnörkellose Grableuchten aus Stahlblech oder (leider teurem) Edelstahl kann man inzwischen im Internet finden. Bei den dortigen Anbietern kann man auch gezielt nach einer Händleradresse vor Ort fragen.

In der Ausstellung »Dernier Cri – Designer gestalten den Abschied« zeigten 2006 im Museum für Sepulkralkultur in Kassel mehr als sechzig Gestalter aus Europa neue Objekte und Konzepte rund um Trauer und Bestattung. Auf der Webseite des Veranstalters (Adresse im Anhang) sind entsprechend hochwertig gestaltete Särge, Urnen, Grabmale, Leuchten und Erinnerungsschmuck zu sehen.

Friedwald, Ruheforst und Trauerpark

Friedwald

Es ist wie überall in der Welt. Die besten Plätze sind schon weitgehend besetzt. Von den ersten Baumreihen eines Friedwalds bei Michelstadt im Odenwald schaut man über freie Wiesen und kann die Sonne auf der anderen Seite aufgehen sehen. Entsprechend viele dieser teuren, einzeln stehenden Bäume tragen schon kleine Metallschilder mit einem oder mehreren Namen von Menschen, die hier unter einem Familien- oder Gemeinschaftsbaum liegen (alle Preise im Anhang).

Der Zugang zu diesem Friedwald ist recht profan. Aus dem Ort hinaus, einige hundert Meter den Berg hoch, liegt direkt oberhalb eines Ausflugslokals der Parkplatz der Anlage, bestückt mit einem einfachen, abgeschlossenen Bauwagen. Der Lageplan aber weist den Weg in ein großzügiges, 70 Hektar großes Waldgebiet voller Eichen, Buchen und Birken, das nicht durch Zäune, sondern nur durch Wege vom weiteren Wald getrennt ist. Hinweisschilder erinnern daran, dass mitten durch diesen Friedwald der Europäische Fernwanderweg Nr. 8 von der Nordsee bis zu den Karpaten führt. Blaue und gelbe Bänder an den Bäumen zeigen alle noch zu vergebenden Ruheplätze an, blickt man an anderen hoch, hängen dort auf zwei Metern Höhe kleine Schildchen wie »Familie Hausmann« oder »Baum Charlotte«, mitunter eine ganze Reihe von Namen oder auch ganz patriarchalisch »Familie Heinrich Müller«.

»Es sind sowohl große Familien, die sich hier einen Baum aussuchen, als auch viele Ehepaare, alte Freundinnen oder einzelne Personen«, erzählt Förster Roland Honecker, der seit der Einweihung 2002 dabei ist. »Es ist immer wieder spannend, wie die meisten Interessenten nach einem einstündigen Rundgang ihren Baumfavoriten gefunden haben. Manche sagen, sie spüren etwas, wenn sie an einen bestimmten Baum herantreten, andere suchen gezielt nach einem Ahorn, weil sie jedes Jahr im ahornreichen Kanada Urlaub machen.« Manche suchten ganz dringend nach einem krummen Baum, andere möchten einen besonders schlanken oder ganz jungen Baum. »Gesellige suchen sich bewusst einen Gemeinschaftsbaum aus, unter dem schon verschiedene Menschen liegen. Ach, von denen spielt vielleicht einer Karten, hat es schon geheißen, da können wir uns dann abends zusammentun«, erzählt Honecker. Einem älteren Portugiesen sei bei der Auswahl wiederum nur ein schattiges Plätzchen wichtig gewesen. Er habe gemeint, er habe »mehr als genug Sonne« im Leben gehabt. Drei Gründe seien für die meisten ausschlaggebend für die Wahl einer Baumbestattung. »Die Menschen möchten keine Grabpflege betreiben, ihnen ist das Geprotze auf den Friedhöfen zuwider, und sie haben ein starkes Naturbewusstsein.«

Roland Honecker steht die ganze Woche über bereit, Interessenten durch den Friedwald zu führen, bei der Auswahl ihres Baumes zu helfen, oder die Bestattungen zu leiten. Nur die vielen Wochenendtermine teilt er sich im Wechsel mit vier anderen Förstern. Denn wie Honecker sind etliche Förster ebenso wie städtische Angestellte durch die Umwidmung meist staatlicher Wälder zu Bestattungshelfern geworden. Der Förster aus dem Odenwald hat sich nach 1300 Bestattungen in fünfeinhalb Jahren daran gewöhnt. »Ich habe gelernt, die Menschen mit der Urne zu begleiten und auch, auf sie einzugehen, wenn sie weinen müssen.« Die Abschiede sind sehr unterschiedlich. Mitunter sind Pfarrer bei diesem letzten Weg dabei, wenn die Trauerfeier nicht schon im Heimatort stattgefunden hat, manchmal ist es für den Förster ein ganz intimer ruhiger Gang mit zwei Angehörigen, dann wieder wird ein richtiges Fest mit hundert Leuten unterm Baum zelebriert, mit Musik, Gedichten und Picknickkorb. »Wir haben schon fast jedes Musikinstrument hier gehabt«, schmunzelt Honecker. »Auch Harfe und Leierkasten waren dabei, fehlt nur noch ein Flügel.«

Die Idee des Friedwaldes stammt ursprünglich aus der Schweiz und wurde von dem Ingenieur Ueli Sauter entwickelt. Der hat sich das Konzept als Markenzeichen für ganz Europa gesichert. Der erste deutsche Friedwald wurde im November 2001 im Reinhardswald bei Kassel eröffnet. Inzwischen sind es mehr als 20 – unter der Mitarbeit von 60 Förstern, die auch regelmäßige Führungen machen.

Ruheforst

Konkurrenz belebt das Geschäft, denkt man unwillkürlich, wenn man nur wenige Kilometer Luftlinie südlich des Friedwaldes Michelstadt in Erbach nach Osten abbiegt, um hinauf zum Ruheforst zu fahren. Aber Friedhöfe gibt es ja auch in jedem Dorf, ohne dass das einen kundenfreundlichen Wettbewerb mit sich gebracht hätte. Der Weg zum Erbacher Ruheforst schlängelt sich einige Kilometer über die idyllischen Örtchen Erlenbach und Bullau an weidenden Schafen und Kühen vorbei steil in die Höhe und macht so eine besinnliche Anfahrt möglich.

Die Anbieter der sogenannten Ruheforste haben sich den Begriff »Ruhebiotop« schützen lassen. Ein Einzel-, Familien-, Freundschafts- oder Gemeinschaftsbiotop umfasst eine Fläche von rund 50 Quadratmetern, die sich »durch markante Naturelemente auszeichnet«. Das zu erkennen, ist gar nicht so einfach, weshalb man zur Auswahl eines Grabplatzes auf jeden Fall einen begleitenden Förster braucht. Mittelpunkt eines solchen Ruhebiotops können Bäume sein, eine Lichtung mit Farnen, Steine oder ein prägnanter Baumstumpf. In jedem Fall bieten diese Plätze jeweils zwölf Beisetzungsstellen, genug für eine Großfamilie oder die Gruppe alter Freunde. Wer lieber für sich sein will und genug Geld hat, kann auch ein exklusives Einzelbiotop an der schönsten Stelle des Waldes erwerben, was allerdings bis zu 10 000 Euro kosten kann (alle Preise im Anhang).

Der Ruheforst Erbach erstreckt sich über ein großes Waldstück mit vielen Laubbäumen, Kiefern und Fichten. Das Gebiet ist mit einem leichten Geländer aus Fichtenstangen vom übrigen Wald abgegrenzt. »Befriedete Bezirke« nennt Ruheforst-Geschäftsführer Jost Arnold das. Nahe am Parkplatz steht ein großer halboffener Unterstand mit rundum laufenden Bänken aus Holz, unter dem sich die Trauernden bei Regen versammeln und auch die ein oder andere Zeremonie veranstalten können. Zusätzlich gibt es im Wald eine »Andachtsstelle«, Bänke stehen im Halbrund um einen großen Baumstumpf, auf den die Urne gestellt werden kann. Ein großes Holzkreuz zwischen zwei Bäumen macht deutlich, dass an dieser Stelle christliche Abschiedsrituale gefeiert werden können. »Der Platz steht auch für andere Zeremonien zur Verfügung«, sagt Jost Arnold. »Zuletzt stand hier eine Urne auf einer Harley Davidson, als Motorradfreunde ein Mitglied ihrer Gruppe verabschiedeten.« Auch in diesem Wald hat es schon einige Familienzusammenführungen gegeben. »Die Menschen sehen, wie schön es hier ist und holen die Urne der Oma aus der Urnenwand im Heimatort, um sie hier mit der Familie noch einmal zu begraben.« Viele Täfelchen an Bäumen und auf Pfählen aber weisen bisher nur einen Namen aus, so wie den einer erst 1964 geborenen Frau. An ihrer Ruhestätte zeigt sich, wie schwer es manchen fällt, im Wald keinerlei Gruß hinterlassen zu dürfen. Die Familie hat sich darüber hinweggesetzt und ein kleines Kränzchen mit gelben Rosen im Laub abgelegt. Vielleicht sieht der Förster bei seinen Rundgängen ja darüber hinweg.

Ein zweiter Ruheforst, der vom Förster des Gräflichen Forstamtes Erbach betreut wird, liegt etwa 40 Kilometer weiter östlich in Stadtprozelten im Südspessart, oberhalb des Mains. Dieser Ort ist besonders gut erreichbar für Menschen ohne Auto oder jene, die lieber mit der Bahn fahren. Der kleine Zug hält hier auf der Strecke zwischen den nahegelegenen Orten Miltenberg und Wertheim. Vom Bahnhof des kleinen denkmalgeschützten Ortes aus kann man dann ohne weiteres zu Fuß die Große Steig hinauf zum Ruheforst, einem locker eingegrenzten Mischwald, gehen. Die Gemeinde räumt hier schon länger bewusst nicht mehr auf, Totholz und ein pittoresk umgekippter Baum mit neuen Trieben zeigen den natürlichen Fortgang. Belohnt wird man hier mit einem freien Blick auf die Burgruine Henneberg und abwechslungsreicher Aussicht auf den ruhig dahinfließenden Main mit seinen Lastkähnen und Ausflugsschiffen.

Auch der Ruheforst ist als Markenzeichen geschützt und bisher mehr als 20 Mal in Deutschland zu finden. Urnenplätze gibt es in den jeweiligen Ruhebiotopen. Gruppenführungen gibt es zumeist alle 14 Tage, weitere Führungen können vereinbart werden. Bei den Ruheforsten geht der größte Teil der Erlöse direkt an die Gemeinde.

Trauerwald und Trauerpark

Das jüngste Mitglied im Reigen der neuen Friedhöfe im Wald ist unter dem Namen »Trauerwald« von dem ehemaligen katholischen Pfarrer Anton Aschenbrenner (siehe Kapitel »Kirchliche Rituale«) und dem jungen Bestatter Manuel Kasberger im bayerischen Untergriesbach ins Leben gerufen worden. Sie verwalten den Trauerwald im Auftrag zweier Gemeinden im Nationalpark Bayerischer Wald.

Für den bundesweit sicher wildesten Trauerwald steht eine sehr urwüchsige Berggegend in Bayerisch Eisenstein zur Verfügung, zu der alle Zugreisenden beim Grenzübergang nach Tschechien hinaufblicken können. Hier am Arber herrscht wirklich Abgeschiedenheit und Wildnis, die von den begleitenden Angehörigen echte Trittfestigkeit verlangt und Sinn für die raue Natur des Bayerischen Waldes voraussetzt. »Natur Natur sein lassen«, heißt hier das Motto. Im Trauerwald wird die Asche in biologisch abbaubaren Urnen beigesetzt – um die Wurzeln eines uralten Baumes herum, im Schatten eines Felsens, auf einer freien Lichtung, manche anonym, die meisten mit einem kleinen Erinnerungsstein versehen.

Der Trauerpark liegt in einer parkähnlichen Landschaft unterhalb des Hochwaldes bei Spiegelau und gehört mit seinen 7000 Quadratmetern zum dortigen Waldfriedhof. Nach und nach entstehen hier mit Bäumen und Büschen abgegrenzte ringförmige Wiesenanlagen, in denen gut begehbare Wege zu verschiedenen Urnenfeldern führen. Die Anlage soll an sich schließende Lebenskreise erinnern. In diesem Trauerpark stehen Bäume und Felsen, Wiesen und Lichtungen für die Bestattung zur Verfügung. Man kann sich auch einen freien Platz aussuchen und dort selbst einen neuen Wunschbaum pflanzen. Für weltliche oder christliche Abschiede steht eine Aussegnungshalle zur Verfügung.

Beide Trauerwälder sind auch mit öffentlichen Verkehrsmitteln zu erreichen. Die gute touristische Infrastruktur lädt dazu ein, den Besuch einer Ruhestätte mit ein paar Tagen Urlaub zu verbinden.

Procedere für Waldbestattungen

Die Bestattungsorte werden gemeinsam von Kommunen, Forstverwaltungen (oder auch Bestattern und Privatleuten) und den Unternehmen Friedwald, Ruheforst, Trauerwald oder ähnlichen Anbietern als »Friedhofsgelände« geführt. Die naturbelassenen Wälder und Parks werden genau kartografiert und jeder einzelne, taugliche Baum oder das Ruhebiotop mit den genauen Koordinaten und einer Nummer festgehalten. Die Daten werden in eigenen Baumregistern der anbietenden Städte und bei der Organisation eingetragen. Die Käufer eines Baumes oder Platzes erhalten einen genauen Lageplan, an dem sie sich bei späteren Besuchen orientieren können. Die Ruhefristen betragen zwischen zehn und 99 Jahren. Idealerweise sucht man sich »seinen« Baum schon zu Lebzeiten aus, was auch meistens der Fall ist. Es gibt Familien- und Freundschaftsbäume bzw. Biotope, bei denen die Käufer selbst entscheiden, welche Personen einmal dabei sein werden. Man kann einen solchen Platz auch ganz allein für sich oder als Paar kaufen. Unter Gemeinschaftsbäumen oder in Biotopen wird man zusammen mit anderen, unbekannten Menschen bestattet. Freie Bäume sind meist an farbigen Bändern zu erkennen und mit einer Nummer versehen. Bestattungen »im Wurzelbereich« bedeuten übrigens, die Urne wird nicht direkt am Stamm, sondern im Umkreis von ein oder zwei Metern beigesetzt.

Eine Bestattungsfeier kann sowohl im Heimatort stattfinden und durch eine kleine Trauerfeier im Wald ergänzt als auch ausschließlich in freier Natur unter dem Baum zelebriert werden.

Die biologisch abbaubare Urne wird vom Bestatter oder dem Krematorium an das zuständige Forstamt versandt und vom Förster zur Bestattung in den Wald gebracht.

Musik, Gesang und Tanz sind ebenso erlaubt wie eine letzte Vesper unterm Baum. Das Besondere: In Absprache mit dem zuständigen Förster ist eine Bestattung an jedem Wochentag und auch zu ungewöhnlichen Zeiten wie bei Sonnenuntergang möglich.

Eine anonyme Bestattung ist erlaubt, die Angehörigen wissen aber, um welchen Baum es sich handelt. Die meisten entscheiden sich für die normierten, schmalen Metalltäfelchen, auf denen nur der Name oder zusätzlich die Lebensdaten, ein Spruch, ein Kreuz oder ein anderes Zeichen stehen können. Das Schildchen wird in etwa zwei Metern Höhe mit einem Alunagel an den Baum oder in einen eigens aufgestellten Pfahl geschlagen. Vandalen hätten sonst ein leichtes Spiel.

Die Pflege wird der Natur überlassen. Es ist nicht erlaubt, Kränze, Blumensträuße, Kerzen oder andere Gegenstände unter den Bäumen abzulegen.

Wenn ein schon belegter Baum bei Sturm oder Blitz zerstört wird, wird an gleicher Stelle ein neuer gepflanzt; wurde noch niemand beigesetzt, kann ein neuer Baum ausgewählt werden.

Eine Familie und ihr Baum

Die Mutter
Anneliese, 90 Jahre
»Ich wollte anonym unter den Rasen. Das hab' ich den Kindern immer gesagt. Mir bedeutet das gar nichts, was danach kommt. Ich wollte sie auf jeden Fall entlasten, ihnen den Druck nehmen, dauernd auf den Friedhof gehen zu müssen. Aber als wir im letzten Jahr öfter darüber sprachen, kam von Töchtern und Enkeln ganz großer Widerstand. Sie wollten wissen, wo ich mal liege, sagten sie, und so habe ich mich umentschieden. Mich hatte die Friedwald-Idee schon vorher interessiert, auch, weil der erste im Reinhardswald bei Kassel eröffnet wurde. Denn ich bin in Kassel geboren und schon mit meinen Eltern dort sonntags spazieren gegangen. Zusammen mit meiner Enkelin bin ich dann hingefahren, um dort einen Familienbaum auszusuchen. Es war ein richtig schöner Tag, wir haben viel gelacht und kein einziges Mal über den Tod gesprochen. Jetzt haben wir also ein gemeinsames Grab, zehn Plätze unter einer alten Eiche. Die gehören uns bis zum Jahr 2100.«

Die Tochter
Dagmar, 61 Jahre
»Wenn meine Mutter von ihrer anonymen Beerdigung sprach, spürte ich bei aller Sachlichkeit doch so einen leichten Vorwurf. Sie wollte es nicht aufbauschen, aber es kam doch durch, ihr nehmt mich nicht wichtig. Dabei war das ja gar nicht in unserem Sinne. Ich habe dann klar gesagt, dass ich nicht damit einverstanden bin und auch alle anderen nicht. So kam Anneliese auf die Idee, einen Familienbaum für uns alle zu kaufen. Die Vorstellung, einmal mitten in der Natur, im Wald zu liegen, in dem die verschiedenen Jahreszeiten für den Grabschmuck sorgen, hat uns alle angesprochen. Die Natur ist etwas, wo ich mich hindenken kann, wo ich Kontakt zu meiner Mutter aufnehmen kann, wenn es einmal so weit ist. Mit dieser Entscheidung sind wir weg von den religiösen Klischees und haben doch einen fiktiven Ort, an dem wir uns alle treffen können.«

Die Enkelin
Maya, 25 Jahre
»Auf der Rückfahrt von ihrem 90. Geburtstag ist meine Oma im Auto eingeschlafen, nachdem sie lauthals einige Schlaflieder gesungen hatte. Da bekam ich zum ersten Mal das Gefühl, sie sei eine ältere Frau – klein und zerbrechlich. Zwei Tage später waren wir auf dem Weg zum Reinhardswald, um den Baum auszusuchen, unter dem sie beerdigt werden möchte. Gemeinsam mit dem Förster tauchten wir schnell ein in einen urwüchsigen, lichtdurchfluteten Wald, dessen Boden mit den verschiedensten Gräsern und Sträuchern überwachsen war. Spontan dachte ich: Och, ja, hier würde ich es auch aushalten. Geduldig führte der Förster mich rum – meine Oma hatte inzwischen aufgegeben und mir Prokura erteilt. Er schlug Preise nach und beantwortete auch meine etwas ungewöhnlichen Fragen. Meine Oma hätte – so überlegte ich – gern einen etwas aparten Baum, einen, der sich durch irgendetwas auszeichnet, aber vor allem einen, der nicht zu dicht bei den anderen steht. Wie sie gern wiederholt, ist sie immer alleine gewesen, und das müsse sich auch jetzt nicht mehr ändern. Als ich auf eine Lichtung kam, stand er da, von hohem Gras umgeben, nach oben schön gleichmäßig zulaufend, dennoch mit vielen Zweigen und vor allem durch einen abgestorbenen Baum in unmittelbarer Nähe immer wiederzufinden. Oma war einverstanden, obwohl ich mit 5650 Euro das Limit ein wenig überschritten habe.«

Der deutsche Friedhofszwang für die Asche – und wie man ihn umgehen kann

Zuletzt ruhten die Hoffnungen auf Nordrhein-Westfalen und Sachsen-Anhalt, die erst vor einiger Zeit ihr Bestattungsrecht überarbeitet haben. Doch jahrelange Diskussionen, der Einsatz einzelner Politiker/-innen und diverse Empfehlungen von Fachleuten kamen gegen die Lobbyarbeit von Kirchen, Friedhofsverwaltungen, Bestattern, Gärtnern und Steinmetzen nicht an. Gegen die Freigabe der Asche wurden emotionalisierte Vorwürfe erhoben wie »das Vergessen der Toten durch Entsorgen«, eine »technische Anleitung zur Menschenkörperbeseitigung« oder die »kostengünstige Beseitigung der Biomasse Leichnam«. Geriete denn wirklich unsere »Bestattungskultur« ins Wanken, wenn sich fünf Prozent der Deutschen dafür entschieden, die Asche nach eigenen Vorstellungen aufzubewahren oder zu verstreuen? Denn mehr sind es zumindest nach Umfragen und den Erfahrungen in anderen Ländern gar nicht.

In Deutschland bleibt die Bestattungspflicht für die Asche der Toten also bis auf weiteres bestehen. Außer uns kennen nur noch die Österreicher eine solche Reglementierung. Kein Wunder, dass findige Angehörige und Bestattungsunternehmer nach Auswegen suchen. Einer der Pioniere auf diesem Gebiet ist Bernd Bruns, der sich mit dem Friedhofszwang für Urnen nicht abfinden wollte. Auf seiner wunderbar eigensinnigen Webseite (siehe Anhang) erklärt Bruns detailliert, wie man vorgehen muss, um über Anbieter im Ausland am Ende wieder an die Urne zu gelangen. Inzwischen gibt es auch eine Reihe von Bestattern, die darüber ganz pragmatisch auf ihren Webseiten informieren und im Gespräch Einzelheiten nennen. Auf diesem Gebiet ist allerdings so viel in Bewegung, dass man sich immer wieder aktuell informieren und auch die vielen neuen Anbieter auf Seriosität abklopfen sollte.

Umweg Schweiz

Der Deutsche Dietmar Kapelle kam 2002 in seinem Ferienhaus im Wallis auf die Idee, diese Markt- bzw. Gesetzeslücke konsequent zu nutzen. Er kaufte einige Waldstücke und Almwiesen auf 1400 Metern und nannte das Ganze »Oase der Ewigkeit«.

Das Zauberwort heißt »Urnenübergabe« und so sieht der Ablauf aus: Der Leichnam wird in einem deutschen Krematorium eingeäschert. Dann bittet ein Angehöriger entweder den Bestatter seines Vertrauens, das Weitere zu veranlassen oder erteilt selbst einem mit diesem Procedere vertrauten Bestattungsunternehmen in der Schweiz den Auftrag, die Urne des Verstorbenen beim Krematorium xy zur Beisetzung anzufordern. Daraufhin wird die Urne vom Krematorium an die Schweizer Adresse geschickt und kann dort einige Wochen stehenbleiben, damit die Angehörigen noch einmal bedenken, welche Bestattung sie wirklich wollen. In dieser Zeit können die Angehörigen dem Schweizer Bestatter schriftlich mitteilen, man wolle die Urne nun doch lieber in Deutschland beisetzen. Dann holt man die Urne entweder selbst dort ab oder sie kommt auf dem Postweg zu den Angehörigen nach Deutschland zurück.

Interessanterweise heißt dieses Schweizer Angebot »Urnenübergabe an einen Angehörigen zur freien Verfügung mit späterer Almwiesenbestattung«. Man bezahlt in jedem Fall für diese Aktion 430 Euro, egal, wie man sich später entscheidet. So kann man nach einer persönlichen Trauerzeit die Urne auch wieder zurückschicken, um sie in der Schweiz doch noch bestatten zu lassen. Offiziell heißt es hierzu: »Die Bestattung auf der Almwiese, gern mit Angehörigen, wird dann kostenlos durchgeführt, da die Nutzung der Alm bereits vor der Urnenübergabe bezahlt wurde.«

Ein ähnliches Procedere bietet auch das Institut Urban in Embrach über seine Webseite an. Hier werden ganz pragmatische Vorschläge gemacht: Übergabe der Urne im Züricher Raum 210 Euro, Versand der Urne mit der Post 180 Euro, Asche im Wind oder Bach verstreuen 240 Euro.

Eine weitere Adresse für eine Almverstreuung ist der Verein Alp Spielmannda im schweizerischen Freiburgerland, auf dessen Webseite auch gleich die entsprechenden Vertragsformulare zu finden sind (siehe Anhang).

Über diese neueren Anbieter ist noch nicht so viel bekannt. Seriöse deutsche Bestatter behalten aber den Schweizer Markt im Auge und kennen die besten Adressen für eine Urnenübergabe.

Umweg Niederlande

Als Beispiel seien die Krematorien Slangenburg, Heerlen und Geleen nicht weit von der deutschen Grenze genannt. Hier gilt ein ähnliches Procedere wie in der Schweiz. Wenn die Kremierung in Deutschland stattgefunden hat, schickt man allein oder mit Hilfe des Bestatters ein ausgefülltes Auftragsformular an das niederländische Krematorium, mit der Bitte um die Urnenanforderung zur Bestattung im Ausland. Die Urne wird dann per Post dorthin versandt und nach niederländischem Gesetz vier Wochen aufbewahrt, um Angehörigen genug Ruhe zum Überlegen zu geben. Während dieser Zeit können die Angehörigen (wie beim Umweg über die Schweiz) in einem Schreiben an die Leitung des Krematoriums bekunden, dass man die Bestattung nun doch lieber in Deutschland durchführen möchte. Danach kann man je nach Vereinbarung die Urne selbst abholen oder mit der Post zu sich nach Haus senden lassen.

Viele Menschen, die unweit der holländischen Grenze wohnen, lassen ihre verstorbenen Angehörigen auch von vornherein ins Nachbarland überführen. Die niederländischen Krematorien gelten als kundenfreundlicher, günstiger und besser ausgestattet. In diesem Fall findet die Trauerfeier mit anschließender Kremierung dort statt und die Angehörigen erhalten nach entsprechender Willensbekundung die Asche ihrer Toten nach der vierwöchigen Wartezeit zurück.

Wie es heißt, sind nicht alle holländischen Krematorien

kooperationswillig. Manche wollen die Asche angeblich nur einem Bestattungsunternehmen übergeben. Fragen Sie daher zuvor genau nach.

Umwege über Belgien, Tschechien und Spanien

Urnenübergaben an die Angehörigen sind jetzt auch in einzelnen grenznahen Krematorien in Belgien und im tschechischen Krematorium Vysocany möglich, das sehr günstige Einäscherungen auch mit der Option der anschließenden anonymen Bestattung anbietet.

Ein spanisches Bestattungsunternehmen ist ebenfalls auf den Zug aufgesprungen und wirbt offen für die Abgabe der Urne »an einen Angehörigen zur freien Verfügung« – mit der Zusage, die Asche »nach einer persönlichen Trauerzeit« doch noch in Spanien beizusetzen. Das Ganze kostet 349 Euro.

> In jedem Fall sollte Folgendes bedacht werden: Wenn Sie die Asche Ihres Angehörigen aus einem unserer Nachbarländer abholen wollen, nehmen Sie ein neutrales Gefäß mit, in das Sie die Asche an Ort und Stelle umfüllen. Entfernen Sie dabei unbedingt den beschrifteten Schamottstein und den Deckel der offiziellen Aschenurne, damit die Asche niemandem zugeordnet werden kann.
> Geben Sie nicht dem Bestatter den Auftrag, die Urne für Sie abzuholen. Er macht sich strafbar, wenn er sie in Deutschland nicht wieder an einen offiziellen Ort bringt. Für Sie aber gilt: Bei Privatleuten wird das Ganze als »verbotswidrig, aber nicht strafbar« angesehen.

Ungewöhnliche Bestattungsformen im Ausland

Schweiz

Neben der Rückführung der Urne nach Deutschland bietet etwa die »Oase der Ewigkeit« auch verschiedene Bestattungsmöglichkeiten in den Walliser Alpen an. Man kann für sich selbst oder seine Toten eine einfache Verstreuung der Asche veranlassen oder auch für 2500 bis 5000 Euro einen Familienbaum oder -felsen auf der Almwiese kaufen oder einen eigenen Baum über einer gekauften Grabstelle pflanzen. Dies ist auch mit einem kleinen Namensschildchen möglich. Von den bisher mehr als 1500 deutschen Bestatteten in der Schweiz scheinen viele eine Verstreuung ohne Angehörige veranlasst zu haben, zumindest heißt es in mehreren Medienberichten über den »Oase«-Betreiber Dietmar Kapelle, dass er »mit bis zu 30 Urnen im Kofferraum« zur Alm hinauffahre, um dort die Asche zu verteilen.

Eine Art Friedhof auf dem eigenen Familienbesitz bietet eine vierköpfige Gruppe des Vereins Peace in Nature in der Nähe von Luzern an. Auf dem 20 Hektar großen Gelände in 740 Metern Höhe gibt es Ruheplätze unter Obstbäumen, an Bachläufen, bei der Pferdekoppel oder nahe einer Hauskapelle. Damit auch weniger mobile Angehörige dabei sein können, sei ein großer Teil der Liegenschaft mit dem Rollstuhl erreichbar, heißt es. Außerdem bietet die Gruppe »Kreativbestattungen« in der gesamten Schweiz an, in den Bergen, aus der Luft oder über dem Wasser.

Niederlande

In den Niederlanden sind vor allem viele Streufelder für die Asche ausgewiesen. Auch Kolumbarien werden angeboten, in denen die Asche zunächst für ein Jahr stehen kann, bevor man sich entscheiden muss, was weiter mit ihr geschehen soll. Üblich ist dort auch, kleine Portionen von der Asche abzuzweigen und in Medaillons, Metallröhrchen oder Schmuckdöschen abzufüllen, die in großer Auswahl zur Verfügung stehen und an Familienmitglieder oder Freunde verteilt werden können.

Frankreich

Mit der Verstreuung der Asche vom Ballon aus, hoch über dem Elsass, haben clevere Anbieter ebenfalls eine Markt- und Gesetzeslücke entdeckt. Um keine Probleme zu bekommen, sollten Interessierte am besten schon zu Lebzeiten eine Erklärung mit dem Wunsch nach einer solchen Luftbestattung unterzeichnen.

Für den Abschied in der Luft arbeiten die Bestatter mit einem Ballonfahrtunternehmen zusammen, nachdem sie die Urne zunächst beim Krematorium angefordert haben. Sobald die Wetterbedingungen stimmen, müssen die Angehörigen zur Stelle sein. Bis zu drei Personen nimmt der Ballonführer mit, während die blumengeschmückte Urne ihren Platz vorn am Ballonkorb hat. Wenn die richtige Höhe erreicht und ein »geeignetes Gelände« in Sicht ist, wird die Asche des Toten über Bord gekippt und verschwindet in einem langen Schweif. Die genauen Koordinaten des »Bestattungsortes« werden mit einem Navigationsgerät ermittelt und in einer Urkunde festgehalten.

Spanien

Das deutschsprachige Unternehmen Spanien-Bestattungen mit Sitz in Andalusien wendet sich vor allem an Liebhaber dieses Landes. Durch die liberale Gesetzgebung sind Bestattungen in der Luft, auf dem Wasser und in den Bergen möglich. Die dafür ausgewählten Örtlichkeiten klingen vielversprechend: Costa de la Luz, Straße von Gibraltar, Sierra Nevada, Sahara. Die Kosten liegen zwischen 300 und 3000 Euro, dafür gibt es auch »Bestattungen am Wochenende ohne Aufpreis«.

Österreich

Mit einem historischen Patrouillenboot und in Begleitung der »Marinekameradschaft Admiral Erzherzog Franz Ferdinand« kann man die Asche eines Verstorbenen inzwischen auch während einer Fahrt auf der Donau nahe Wien bestatten. Die Verabschiedung mit Salut und Schiffssirene kostet rund 1900 Euro.

Grüne Bestattungen – Erfahrungen aus den USA und Großbritannien

Mögen sie in vielen Umweltfragen auch noch hinter uns herhinken, bei Tod und Bestattung sind uns Engländer und Amerikaner um einiges voraus. Es gibt dort eine radikale Graswurzelbewegung, die allen dickwandigen Särgen aus Tropenholz und der massenhaft verwendeten Chemie beim Herrichten der Toten den Kampf angesagt hat.

So werden auf der Webseite des Naturfriedhofs Greensprings im Bundesstaat New York die Schadstoffe und Materialien aufgelistet, die angeblich jährlich bei herkömmlichen amerikanischen Bestattungen im Erdreich vergraben werden: 827 060 Gallonen Chemikalien zur Einbalsamierung, 90 272 Tonnen Stahl, 2700 Tonnen Kupfer und Bronze und 30 Millionen Fuß an meist tropischen Hartholzbrettern für Särge, dazu 1 636 000 Tonnen Stahlbeton und 14 000 Tonnen Stahl für Gruften.

Auch die Kremation wird kritisch betrachtet. Nach Angaben der Vereinten Nationen sollen 0,2 Prozent des weltweiten Dioxinausstoßes auf die Verbrennung von Toten zurückzuführen sein. In Europa, wo diese Bestattungsform viel häufiger ist, gilt sie laut UN als zweithäufigste Ursache für die Ansammlung von Quecksilber in der Umwelt.

Etliche »green-funeral«-Seiten informieren über die Möglichkeiten der naturnahen Bestattung. Natürlich ohne Einbalsamierung, in biologisch abbaubaren Särgen und Urnen, oder, in letzter Konsequenz, nur in ein Leichentuch gewickelt. »Lasst euch nicht beirren«, heißt es in einem Forum. »Schon Jesus wurde so begraben und bei Muslimen ist es Vorschrift. Wenn ihr in eurem Bundesstaat Probleme bekommt, nennen wir euch andere, in denen die Menschen nur in einem Leichentuch bestattet werden dürfen.« Das ultimative Gewand dafür wird von der Firma Kinkaraco in San Francisco hergestellt. Die Tücher werden aus 100 Prozent abbaubaren Materialien wie Leinen, Seide oder Musselin angeboten, in weiß, gestreift oder in antiken rot-blauen Mustern. Das Prinzip ist beeindruckend. Das große Tuch wird von allen Seiten um den Toten geschlagen und am Hals, in der Taille und an den Füßen zugeknotet. Seitlich sind vier robust gewebte Halteschlaufen eingearbeitet, mit denen der Tote getragen werden kann. Im Rückenteil befinden sich zwei lange Holzlatten, die ein Durchhängen des Körpers verhindern sollen. Der Kinkaraco-Werbespruch lautet: «Look beautiful – in the last thing you'll ever wear.« Dafür zahlt man zwischen 300 und 600 Dollar. Ein solches Tuch war auch bei einer Beerdigung in der amerikanischen Kultserie *Six feet under* zu sehen.

Bei Särgen für die grüne Szene herrscht pure Schlichtheit vor. Ein Anbieter aus New York schickt seinen Käufern die Einzelteile des schlanken, dünnwandigen Sargs aus Pinienholz mit der Post zu. »Unsere Särge sind ungebeizt und unlackiert und Sie benötigen nur einen normalen Schraubenzieher, um sie zusammenzubauen«, verspricht die Firma Kentcasket. Der Preis von 420 Dollar liegt schon im oberen Bereich, andere Hersteller bieten superschlichte Särge ohne Metall und mit Seilen als Griffe bereits für 100 Dollar an.

Während in Großbritannien schon 10 Prozent aller Bestattungen als »naturnah« gelten, sind es in den USA erst wenige

Vorreiter, doch der Trend ist deutlich zu spüren. »Die Leute kehren wieder auf den natürlichen Weg zurück, so, wie es die ersten Pilger und Pioniere gemacht haben. Es ist doch eine Erfindung des 20. Jahrhunderts, Leute chemisch zu behandeln, in teure Särge zu stecken und auf rausgeputzten Friedhöfen zu bestatten. Naturbestattungen sind so alt wie der Tod selbst«, sagt Josh Slocum von der Funeral Consumer Alliance.

Der Naturfriedhof in Greensprings war ursprünglich Weidegebiet. Wer hier beerdigt werden möchte, darf sich nicht einbalsamieren lassen und muss einen biologisch abbaubaren Sarg benutzen. Die Gräber werden nicht speziell gekennzeichnet. Kleine flache Steine mit eingraviertem Namen sind erlaubt.

In England hat Hazel Selina das ultimative Design für umweltfreundliche Särge und Urnen entworfen. Als junge Frau hatte sie zunächst aus Wut über die Entmündigung von Schwangeren ein Zentrum für natürliche Geburt gegründet, um sich in ihrer nächsten Lebensphase dann mit Särgen zu beschäftigen, nachdem sie für einen Bekannten das dürftige Angebot gesichtet hatte. »Ich war absolut entsetzt, wie trostlos und vergiftet die ganze Prozedur vonstatten geht. Die Krematorien geben jede Menge Karzinogene in die Luft ab, und Särge sind voll mit Formaldehyd und Pressspan«, schreibt sie auf ihrer Webseite. Acht Jahre hat die Unternehmerin in die Entwicklung ihrer »ecopods« gesteckt. Herausgekommen ist ein Sarg, dessen Form an einen Wal in Bewegung erinnert und der aus Recyclingpapier und einem mineralischen Härtungsmittel besteht. Es gibt dieses beeindruckende Designerstück in Grün, Rot und Blau, verziert mit goldenen Blättern oder Seidenpapier. Die aus ähnlichem Material hergestellte Urne in moosgrün mit braunem Deckel ähnelt in der Form einer putzigen Eichel mit Hütchen, aus dem ein Stück Kokosschnur heraussragt. »Die Leute halten oft die Luft an, wenn sie meine bunten Werke in der Kirche stehen sehen«, erzählt Hazel Selina. Dass sie sich lange mit Geburten und nun mit dem Tod beschäftigt, findet sie ganz naheliegend. »Beides sind grundlegende Ereignisse in unserem Leben, beides sind Übergänge.«

In England wie in den USA ist das private Verstreuen der Asche erlaubt. Zwei Berichte sollen exemplarisch dafür stehen:

Chris, 52 Jahre, USA

»Meine Asche soll mit dem Wind in den Atlantischen Ozean getragen werden, hatte mein Vater uns immer wieder beschworen. Also traf ich mich an einem verregneten Tag im Januar mit meiner Mutter am Strand von Daytona Beach in Florida, wo uns der Pastor der Gemeinde und ein Captain mit Boot, das wir extra gemietet hatten, erwarteten. Plötzlich kam Sturm auf, und der Captain weigerte sich, hinaus zu fahren. Meine Mutter brach deshalb fast zusammen, und ich musste sie schnell nach Hause bringen. Ich versprach ihr hoch und heilig, eine schöne Abschiedszeremonie mit Vater zu machen und fuhr wieder zum Strand. Dort betete ich eine Weile und hielt Zwiesprache mit meinem Vater, bevor ich die Urne öffnete. Sofort nahm der heulende Sturm die Asche auf und wirbelte sie hinaus aufs Meer, wo sie das Dunkel verschluckte. Ich öffnete ein Kästchen und schickte hunderte getrockneter Rosenblätter hinterher. Eine Gruppe winziger Seevögel beobachtete mich, und als ich *Amazing Grace* sang, tanzten sie Ballett über den hereinbrechenden Wellen. Dieser Tanz der Vögel, die schlagenden Wellen unter dem laut tönenden Sturm, das war ein Drama, mit dem mir die Natur auf ihre Weise beim Abschied von meinem Vater half.«

Esther, 59 Jahre, Großbritannien

»Beim ersten Mal waren wir noch sehr unbeholfen. Wie hält man so eine Urne, wenn man sie im Krematorium abholt? Unter den Arm nehmen ging wohl nicht. Also trug mein Bruder die Asche unseres Vaters wie eine Monstranz vor sich her nach Hause. Da wusste dann jeder, was das war. Später fuhren wir mit unserer Mutter und Vaters Asche zwei Wochen aufs Land im Norden Englands, wo unsere Eltern aufgewachsen waren und ihre glücklichste Zeit gehabt hatten.

Wir zögerten die Abschiedszeremonie immer wieder hinaus, bis Mutter am letzten Abend sagte, so, jetzt aber! Also gingen wir drei bei Vollmond los, die Katze immer hinterher. Unser Ziel kannten wir genau – ein schöner Platz auf einem Felsvorsprung, hoch über einem Stausee und umgeben von Schafen. Die Asche war in einem hässlichen Plastikbehälter mit Stanniolverschluss. Wir machten ihn mühsam ab und verstreuten dann gemeinsam die Asche. Nie hätte ich gedacht, dass sie so weiß war. Wir lachten und weinten und waren froh, an diesem gesegneten Ort zu sein.
Vor ein paar Jahren haben wir auf Wunsch unserer Mutter das gleiche mit ihrer Asche gemacht. Diesmal gingen noch mehr Verwandte mit hinauf. Meine Tochter hatte eine detaillierte Landkarte besorgt und zeichnete die Stelle für alle Zeiten genau ein. Wieder verstreuten wir die Asche, überlegten, was Mutter jetzt wohl sagen würde und freuten uns an der wunderbaren Aussicht und dem lauen Sommerabend. Hier, wo die Glockenblumen blühten und der wilde Thymian duftete, musste niemand eigens etwas pflanzen.
Seitdem kehren wir jedes Jahr an diesen Ort zurück, trinken ein Glas Wein auf unsere Eltern und malen uns aus, wie es sein wird, wenn wir selbst einmal hier heraufgetragen werden.«

Kapriziöse Bestattungen

Ich werde ein Diamant

Die Schweizer Firma Algordanza liefert »basierend auf der weltführenden russischen Technologie« nach eigenen Angaben »qualitativ hochwertige, zertifizierte Diamanten aus der Asche Ihrer lieben Verstorbenen«. Anfangs hieß der Slogan sogar, man bekomme »ein Juwel von Mensch«. Um den Kohlenstoff aus der Asche zu extrahieren, werden etwa 500 Gramm Asche benötigt. Der Prozess bis zum fertig geschliffenen Diamanten dauert etwa ein halbes Jahr. Die Preise sollen je nach Farbe und Karat zwischen einigen tausend und 20 000 Euro liegen.

Ab in den Weltraum

Seit 1994 offeriert die texanische Firma »Space Services Inc.« (vorher »Celestis«) Aschebestattungen im Weltraum. Der deutsche Repräsentant heißt Manfred L. Lessing und sitzt unter dem Dach des Bestattungsunternehmens Ahorn-Grieneisen in Hannover. Dazu wird ein winziger Teil der Asche, genau sieben Gramm, in eine Miniurne gefüllt, die mit vielen anderen zusammen im Inneren des »Bestattungssatelliten« auf eine Reise durchs All geht und gemeinsam mit dem Satelliten nach Eintritt in die Erdatmosphäre verglüht (»harmlos wie eine Sternschnuppe« laut Firmenphilosophie). Für den Preis von 11 000 Euro gibt es ein Video vom Abschuss dazu.

Bei der ebenfalls angebotenen Mondbestattung wird eine ähnliche Menge Asche auf der Mondoberfläche platziert. Für diese Bestattungsart muss man lange Wartezeiten einplanen und 25 000 Euro übrig haben.

Die Ausflüge ins All gehen auch nicht immer glatt. Im Mai 2007 stürzte die Raumkapsel voller Mini-Urnen kurz nach dem Start in der Wüste von New Mexiko ab. Mit dabei war die Asche von James Doohan, bekannt als Raumschiffingenieur Scotty aus der TV-Serie *Raumschiff Enterprise*.

Ökologisch korrekte Ruhe

Nachdem immer mehr natürliche Korallenriffe aufgrund der Meeresverschmutzung und Erderwärmung zerstört werden, versenken Umweltschützer in aller Welt künstlich hergestellte Riffe aus durchlöchertem Beton. Die amerikanische Firma »Eternal Reefs« bietet an, die Asche von Verstorbenen dazuzugeben. Angehörige können dabei sein, wenn die Asche mit dem Beton vermischt und zu einer hohlen und löchrigen Kugel (reefball) gegossen wird. Sie dürfen Abdrücke ihrer Hände im noch weichen Beton hinterlassen und Nachrichten draufschreiben. Gegen Aufpreis können die Freunde auch das Boot begleiten, das die künstlichen Korallenriffe an solchen Plätzen in Küstennähe versenkt, an denen das Ökosystem gestört ist. Die Kosten liegen zwischen 1000 und 6500 Dollar. Es empfiehlt sich, die Entwicklung dieses Projekts (ebenso wie die Weltraumbestattung) unter Umweltgesichtspunkten kritisch zu verfolgen.

Tiefkühlung bis 2050

Im Gegensatz zu Deutschland ist das Tiefkühlen von Leichen mit dem Ziel, sie eines Tages vielleicht wieder zum Leben zu erwecken, in den USA erlaubt. Dabei schwimmt der Körper bei -196 Grad Celsius in einem Bad aus flüssigem Stickstoff. Für diese, Kryonik genannte Bestattungsart sollen sich immer mehr Menschen interessieren. Gerüchten zufolge hat sich auch Walt Disney nach seinem Tod einfrieren lassen. Das Ganze ist ein sehr kostspieliges Verfahren.

Bestattungsrecht

Das Bestattungsrecht in den deutschen Bundesländern

Zusammenfassung nach einer Recherche von Kristina Allgöwer[3]

In den Gesetzesänderungen der letzten Jahre ging es in allen Bundesländern immer wieder um die Aufhebung des Friedhofszwangs für die Asche Verstorbener. Etliche Eingaben und Vorschläge von Bürgern und Parteien wurden jedoch landauf, landab von den Lobbyverbänden erfolgreich bekämpft. Dies gilt auch im Hinblick auf weitere Gesetze. Blickwinkel waren dabei immer die eigenen Macht- und Wirtschaftsinteressen. Im Internet lässt sich unter den dort dokumentierten Gesetzesentwürfen der einzelnen Länder sehr schön verfolgen, wer Anträge und Änderungswünsche dagegen gestellt oder Widerspruch eingelegt hat.

Die einzige Ausnahme-Regelung für die Asche bildet jetzt die Erlaubnis, sie auf eigens dafür ausgewiesenen Plätzen innerhalb von Friedhöfen zu verstreuen. Dies ist auf Aschestreufeldern in Nordrhein-Westfalen, Berlin, Brandenburg, Mecklenburg-Vorpommern und Thüringen möglich.

Weitere Schwerpunkte der Gesetzesüberarbeitungen waren in allen Ländern die Bestattung tot- oder fehlgeborener Kinder,

3 Ich danke meiner Kollegin Kristina Allgöwer aus Hamburg, die für diese Zusammenfassung mit Fachleuten in allen Bundesländern und der EU gesprochen hat und die Links mit den entsprechenden Landesgesetzen zusammengestellt hat.

die Bestattungsrechte für Muslime und die Zulassung von Friedwäldern.

In einigen Bundesländern *können* Tot- oder Fehlgeborene mit einem Gewicht unter 1000 Gramm bestattet werden, wenn Eltern dies wünschen. In anderen *müssen* sie bestattet werden, wenn nicht von den Eltern, dann von der Klinik. Wenn das Gewicht unter 500 Gramm liegt, ist etwa in Niedersachsen eine Bestattung möglich, in anderen Ländern nicht.

Die Bedingungen für islamische Bestattungen wurden in den meisten Ländern etwas verbessert. Zumindest in größeren Orten stehen eigene Gräberfelder mit der Ausrichtung nach Osten zur Verfügung, des Öfteren wurden auch Räume für die rituellen Leichenwaschungen zugesagt. Ein Grab für die Ewigkeit wird in keinem Land ermöglicht, es gibt nur den Hinweis, die Nutzungszeit immer wieder zu verlängern. Eine Bestattung im Leinentuch aus religiösen Gründen ist nun in einigen Bundesländern erlaubt. Andere lassen nur zu, dass der Sargdeckel am Ende der Beerdigung abgenommen wird.

Die meisten Bundesländer haben in den letzten Jahren auch Waldbestattungen ermöglicht, manche mit der Einschränkung, das Areal müsse durch Hecken oder Gatterzäune eingefriedet werden.

1) Baden-Württemberg

Das Bestattungsgesetz in Baden-Württemberg stammt aus dem Jahr 1970. 2004 stellte das Sozialministerium eine beabsichtigte Novellierung des Gesetzes zurück. Ursprünglich wollte es ein Bestattungsrecht für Tot- und Fehlgeburten einführen und die Bestattungspflicht von Aschen lockern. Beantragt war auch eine Seebestattung im Bodensee und die Aufhebung der Sargpflicht für gläubige Muslime. Alles wurde abgeschmettert. Hans-Peter Wetzel, rechtspolitischer Sprecher der FDP/DVP-Fraktion meint dazu: »Baden-Württemberg hat das rückständigste Bestattungsrecht in Deutschland.«

2) Bayern

Seit 2006 haben Eltern das Recht, bei Fehlgeburten und bei Föten und Embryonen aus Schwangerschaftsabbrüchen eine Einzelbestattung oder eine Zur-Ruhe-Bettung auf einem Grabfeld durchführen zu lassen.

Urnen müssen grundsätzlich auf Friedhöfen bestattet werden, Ausnahme ist die Bestattung auf hoher See. »Die generelle Erlaubnis, die Aschenreste Verstorbener an einem beliebigen Ort zu verstreuen, zu bestatten oder aufzubewahren, würde die Gefühlswelt vieler Bürger verletzen«, steht auf der Website des Staatsministeriums für Umwelt, Gesundheit und Verbraucherschutz.

3) Berlin

Die letzte Änderung des Bestattungsrechts in Berlin erfolgte 2004.

In einer Antwort der Bundesregierung auf eine Große Anfrage der Grünen im April 2007 heißt es: »Grundsätzlich haben in Berlin ... auch gemeinnützige Religionsgemeinschaften, die nicht als Körperschaft des öffentlichen Rechts anerkannt sind, die Möglichkeit, auf Antrag ... eigene Friedhöfe einzurichten. Bisher wurde von islamischen Religionsgemeinschaften davon kein Gebrauch gemacht.« In Berlin finden islamische Bestattungen auf dem Landschaftsfriedhof in Gatow und dem Friedhof Columbiadamm statt. Das Bestatten der Toten in Leichentüchern ist in Berlin nicht erlaubt.

4) Brandenburg

Das Brandenburger Bestattungsgesetz wurde zuletzt 2003 geändert.

Neu ist die Erlaubnis, die Asche eines Toten an einer dafür vorgesehenen Stelle auf Friedhöfen zu verstreuen.

2006 fragte die DVU-Abgeordnete Birgit Fechner Innenminister Jörg Schönbohm im Landtag: »Welche Vor- bzw. Nachteile hat die Aufhebung eines Friedhofszwanges für Urnen Ihrer Meinung nach?« Die Antwort des Innenministers lautete: »Wenn nach Vorteilen der Aufhebung des Friedhofszwangs gefragt wird, dann vermag ich solche nicht zu erkennen. Ich halte es nicht für erstrebenswert, dass Bestattungen auf privaten Grundstücken stattfinden können. Nachteile der Aufhebung sehe ich dagegen viele. Ich will hier nur einen nennen: Die Aufhebung des Friedhofszwangs würde die Erdbestattungen vermutlich erheblich verteuern.«

5) Bremen

Bremen war das erste Bundesland, das 2001 eine Bestattungspflicht bei Tot- und Fehlgeburten gesetzlich festlegte.

Es gibt öffentliche Friedhöfe mit Grabfeldern nur für Muslime. Das im Islam geforderte bis zur Ewigkeit dauernde Ruherecht wird nicht gewährleistet. Die 25-jährige Nutzungs- und Ruhefrist für Gräber kann aber beliebig verlängert werden.

Rituelle Waschungen sind in eigens dafür bereitgestellten Räumen auf dem Friedhof möglich. Eine sarglose Bestattung ist nicht zulässig. Ein Kompromiss zwischen Recht und Religion besteht darin, dass im Grab der Sarg geöffnet und Erde eingefüllt werden darf.

6) Hamburg

Bestattungen im Leinentuch sind bereits seit 1998 möglich, wenn religiöse oder weltanschauliche Gründe vorliegen.

Würdige Bestattungen für Tot- und Fehlgeborene werden auf den Hamburger Friedhöfen seit Anfang der neunziger Jahre durchgeführt, wurden aber erst 2001 in einem modifizierten Gesetz festgelegt.

7) Hessen

Neu im 2007 geänderten Bestattungsgesetz:

Für gläubige Muslime darf der Sargdeckel unmittelbar vor dem Absenken des Sarges abgenommen werden.

Ansonsten heißt es, etwa von der SPD-Politikerin Brigitte Hofmeyer, das vorgelegte hessische Gesetz bleibe »weit hinter den Forderungen der Experten zurück«.

8) Mecklenburg-Vorpommern

Leichen dürfen nur in kommunalen Krematorien eingeäschert werden. Die Asche kann auf einer hierfür bestimmten Stelle eines Friedhofs verstreut werden.

Es gibt hier inzwischen mehrere zugelassene Bestattungswälder. Dazu MdL Harry Glawe (CDU) in einer Landtagssitzung 2006: »Das, was wir bei diesem Gesetz kritisieren, ist, dass gegen den erklärten Willen der Kirchen jetzt Friedwälder eingerichtet werden sollen, die noch durch das Land oder nachgeordnete Institutionen betrieben werden. Das können wir nicht mittragen.«

9) Niedersachsen

Das im Januar 2007 in Kraft getretene »Gesetz über das Leichen-, Bestattungs- und Friedhofswesen« enthält erstmals Klarstellungen, die zuvor nur über das niedersächsische Gewohnheitsrecht festgelegt waren.

Nun können Friedhofsträger einen Friedhof in einem Waldstück betreiben, wenn dieser z. B. durch Hecken abgegrenzt ist.

Krematorien dürfen nun auch von Privatunternehmen betrieben werden.

Eine Bestattung im Leinentuch ist aus religiösen Gründen möglich. »Es gibt im Prinzip keinen vernünftigen Grund für den Gesetzgeber, auf einem geschlossenen Sarg zu bestehen«, so Heidemarie Mundlos von der CDU-Landtagsfraktion.

Särge müssen in Niedersachsen nicht mehr zwingend aus Holz bestehen, kostengünstige und umweltverträgliche Urnen aus Papierverbundstoffen sind erlaubt.

10) Nordrhein-Westfalen

Das im Sommer 2003 verabschiedete Bestattungsgesetz von Nordrhein-Westfalen gilt als das fortschrittlichste in Deutschland. Erstmals können in der Bundesrepublik private Rechtsträger unter bestimmten Voraussetzungen Träger eines Friedhofs werden.

Der Sargzwang bei Erdbestattungen wird nicht mehr explizit erwähnt. Damit liegt es an den einzelnen Friedhofsträgern, dies zu erlauben oder zu verbieten.

In bestimmten Fällen dürfen Aschenreste auch außerhalb von Friedhöfen beigesetzt werden. Auch auf einer auf dem Friedhof ausgewiesenen Wiese kann die Asche verstreut werden.

Nach intensiver Lobbyarbeit der betroffenen Verbände und Interessengruppen ließ die rot-grüne Regierung ihren ursprünglichen Plan fallen, den Friedhofszwang für Urnen ganz aufzuheben.

In einer Stellungnahme zu diesem Gesetzentwurf hatten Vertreter der katholischen und evangelischen Kirche geschrieben: »Hier wird die Bestattungspflicht auf dem Friedhof als Bestandteil einer im christlichen Abendland gewachsenen und verankerten Sterbekultur [...] de facto konterkariert.«

11) Rheinland-Pfalz

Private Bestattungsplätze sind grundsätzlich zulässig, sofern ein berechtigtes Bedürfnis dafür vorliegt. Eine solche Ruhestätte könne auch von einer muslimischen Gemeinde beantragt und geführt werden, hieß es auf eine Anfrage der Grünen.

12) Saarland

Das Saarland hat sein Bestattungsgesetz in den vergangenen Jahren zwei Mal geändert, sodass es nun als sehr präzise und ausführlich gilt. Es enthält allerdings keine Lockerung des Friedhofszwangs für Aschen. Auch eine Ausstreuung der Asche auf dem Friedhof wurde nicht zugelassen. Der Sargzwang kann aus religiösen Gründen aufgehoben werden.

»In einer Zeit der Umbrüche, des Auseinanderbrechens familiärer Strukturen, unterschiedlicher Normen und Wertvorstellungen, des Zusammentreffens verschiedener Kulturen und Religionsgemeinschaften war es erforderlich, die Bestattung und den Umgang mit den Toten im gesellschaftlichen Konsens zu regeln und Anpassungen vorzunehmen. So sind z.B. die Kommunen nunmehr verpflichtet, den Wunsch nach Bestattung naher Angehöriger, die, bedingt durch Arbeitsmigration oder Heimunterbringung, anderswo lebten und dort verstarben, im Wohnumfeld der Familie zu berücksichtigen. Eine vorzeitige Bestattung wird ermöglicht, wenn dies der religiösen Tradition des Verstorbenen entspricht«, steht im Vorwort einer Broschüre zum neuen Bestattungsrecht.

13) Sachsen

Das Sächsische Bestattungsgesetz stammt aus dem Jahr 1994, die letzte Änderung nahm der Landtag im Mai 2004 vor. Bestattungen sind grundsätzlich nur auf öffentlichen, kirchlichen oder privaten Bestattungsplätzen gestattet.

Urnen müssen aus verrottbarem Material bestehen.

Der Wunsch eines Verstorbenen, auf einem anderen Friedhof als dem des Heimatortes bestattet zu werden, bedarf des Einvernehmens mit dem Träger des entsprechenden Friedhofes.

Zu einer Anfrage des Abgeordneten der Linksfraktion Heiko Hilker im Juni 2007 zur Bestattung von Urnen auf dem eigenen Grundstück schreibt das Staatsministerium für Soziales: »Der Bestattungszwang geht auf traditionelle allgemeine sittliche Normen zurück und entspricht den gesundheitlichen und ordnungspolitischen Erfordernissen. Eine geordnete Bestattung wäre nicht mehr gesichert, wenn es in das Belieben der Verstorbenen oder der Angehörigen gestellt würde, ob die Beisetzung auf oder außerhalb eines Friedhofs erfolgen soll.«

14) Sachsen-Anhalt

2005 strebte der damalige Sozialminister Gerry Kley (FDP) eine grundlegende Novellierung des Gesetzes von 2002 an. Sachsen-Anhalt sollte seinen Worten nach »das liberalste Bestattungsgesetz in ganz Deutschland« bekommen. Den Friedhofszwang für Urnen wollte Kley komplett aufheben.

Doch die Kirchen kritisierten die Freigabe der Asche als selbstbetrügerische Idealvorstellung mit nur bedingtem Realitätsbezug und nannten die angestrebte Liberalisierung ein Armutszeugnis.

Nach zahlreichen Protesten entschied Ministerpräsident

Wolfgang Böhmer im Juli 2005, die Novellierung des Gesetzes zu stoppen. »Wir fassen das Gesetz in dieser Legislaturperiode nicht mehr an«, sagte er der *Mitteldeutschen Zeitung*.

15) Schleswig-Holstein
Mit dem neuen Bestattungsgesetz von 2005 lockerte Schleswig-Holstein den Sargzwang und erlaubte die Bestattung im Leinentuch aus religiösen Gründen.

16) Thüringen
Bis zum neuen Bestattungsgesetz im Mai 2004 galt in Thüringen immer noch das frühere DDR-Recht.

Bei Erdbestattungen gilt zwar die Sargpflicht, doch kann in Einzelfällen, wie bei muslimischen Bestattungen, davon abgesehen werden, solange »öffentliche Belange« nicht dagegenstehen. Erlaubt ist das Verstreuen von Asche an einer dafür vorgesehenen Stelle ausgewählter Friedhöfe.

Friedwälder schließt das Bestattungsgesetz aus.

Der Zeitraum, innerhalb dessen ein Toter in eine Leichenhalle überführt werden muss, wurde von 24 auf 48 Stunden verlängert, damit Angehörige am Sterbeort oder zu Hause vom Verstorbenen Abschied nehmen können.

Die Europäische Union und das deutsche Bestattungsrecht

Wie schon betont, hat Deutschland neben Österreich das mit Abstand rigideste Bestattungsgesetz in Europa. Wäre es zum Beispiel möglich, den deutschen Friedhofszwang für die Asche als Ungleichbehandlung innerhalb der EU herauszustellen und zu fordern, die deutsche durch eine einheitliche europäische Gesetzgebung zu ersetzen? Hier die Antwort einiger Fachleute:

»In diesem Bereich hat die EU überhaupt keine Kompetenz«, erklärt Katharina von Schnurbein, Pressesprecherin im EU-Kommissariat in Brüssel. Auch Evelyne Gebhardt vom Ausschuss Bürgerliche Freiheiten und Justiz des Europäischen Parlaments in Brüssel sagt: »Zur Zeit ist keine europäische Regelung in dieser Frage geplant.«

Bestätigt wird dies von der Verbraucherinitiative für Bestattungskultur, Aeternitas e. V. Pressereferent Alexander Helbach meint dazu: »Es gab hin und wieder Überlegungen seitens der EU-Kommission, das Bestattungsrecht in der Europäischen Union zu harmonisieren. Dies ist in der Vergangenheit aber aus folgendem Grund bereits im Ansatz gescheitert: Das Bestattungswesen wird als kulturelle und historische Eigenart der einzelnen Mitgliedsstaaten gewertet. Aus diesem Grund liegt die Hoheit über das ›Wie‹ der Bestattung grundsätzlich bei den Mitgliedsstaaten und ist somit einer Harmonisierung auf der EU-Ebene entzogen.«

Nach dem Grundsatz der Rechtsharmonisierung innerhalb der EU gelte aber für die Bestattung immer das Recht des Aufenthaltsortes des Leichnams oder der Totenasche. »Sobald ein Leichnam oder eine Urne beispielsweise von Hamburg in die Niederlande überführt wird, gilt ab der Staatsgrenze das niederländische Recht. Eine nach niederländischem Recht ordnungsgemäß durchgeführte Beisetzung ist danach auch nach deutschem Recht als ordnungsgemäß erfolgt zu betrachten.«

Anhang

Checkliste für eine Bestattung

Wer ist nach dem Gesetz für die Bestattung eines Angehörigen zuständig?

1. die Ehefrau/der Ehemann
2. die Partnerin/der Partner einer eingetragenen Lebenspartnerschaft
3. die Partnerin/der Partner einer auf Dauer angelegten nichtehelichen Lebensgemeinschaft
4. die erwachsenen Kinder
5. die Eltern
6. die erwachsenen Geschwister
7. die erwachsenen Enkelkinder
8. die Großeltern

Kommen für die Bestattungspflicht mehrere Personen in Frage, beispielsweise bei Geschwistern oder erwachsenen Kindern, liegt die Zuständigkeit jeweils bei der oder dem Ältesten unter ihnen.

Die Bestattungspflicht besteht unabhängig von einem möglichen Erbe.

Wer keine Verwandten mehr hat oder von vornherein jemand anderen mit der Organisation seiner Beerdigung betrauen möchte, kann dieser Person zu Lebzeiten eine Vorsorgevollmacht übergeben.

Folgende Unterlagen werden nach dem Tod gebraucht:

- Personalausweis oder Pass
- Geburtsurkunde
- Familienstammbuch
- Sozialversicherungsunterlagen
- Alle gesetzlichen und privaten Versicherungsunterlagen
- Unterlagen für die Betriebsrente
- Bankverbindungen, Depotunterlagen, Sparbuch

Wer für sich selbst vorsorgen möchte, kann frühzeitig eine Mappe zusammenstellen und eine vertraute Person über den Aufbewahrungsort in Kenntnis setzen.

evtl. zusätzlich hinzufügen:

- Patientenverfügung
- Organspendeausweis
- Spendenkonto (»statt Kränzen«)
- Totenkleidung bestimmen

- besondere Verfügungen zum Ablauf der Trauerfeier und Bestattung
- Vorsorgevertrag mit einem Bestattungsunternehmen (oder auf dort hinterlegte »Mustermappe« hinweisen)
- schriftlich fixierter Wunsch zu einer anonymen, Feuer-, See-, Luft- oder Waldbestattung
- Liste mit Adressen der Personen, die informiert werden sollen
- Grabdokumente (bei vorhandener Grabstätte)

Ein eventuell vorhandenes Testament sollte unabhängig von diesen Unterlagen aufgehoben werden. Eine Vertrauensperson sollte den Aufbewahrungsort des Testaments kennen.

Persönliche Abschiednahme:
- evtl. Aufbahrung, Waschen und Ankleiden des Toten
- evtl. Aussegnungsfeier

Bestattungsunternehmen rufen:
Dies muss weder beim Tod in einer Klinik noch zu Hause sofort geschehen.
- evtl. Kleidung zurechtlegen
- mit Bestatter besprechen, welche Aufgaben selbst übernommen werden (können)
- Überführung des Toten in eine Kühlkammer der Gemeinde oder des Bestatters, zum Friedhof oder Krematorium*
- falls dort weitere offene Aufbahrung möglich und erwünscht ist, den Schlüssel zum Raum erbitten*

Vorbereitung der Bestattung:
- Erd- oder Feuerbestattung festlegen*
- Friedhof und Grabart wählen
- Urne / Sarg und dessen Ausstattung auswählen*
- Zeitpunkt der Trauerfeier festlegen
- Jemanden bestimmen, der die Regie führt (Bestatter, Pfarrer, Verwandte, Freunde)
- Ablauf der Bestattung festlegen
- Raum für Trauerfeier aussuchen
- evtl. Gottesdienst, Abschied am Grab
- Feier im Raum des Krematoriums, evtl. Feier bei Urnenbeisetzung
- Trauerrede besprechen, evtl. zuständigen Pfarrer, Trauerrednerin oder jemanden aus dem Familien- oder Freundeskreis damit beauftragen
- ggf. Blumenschmuck für Angehörige, Sarg, Trauerhalle, Grab

(bei Kränzen** Abschiedsworte für die Schleifen schriftlich übergeben, da häufig fehlerhaft)
- Trauerbriefe und evtl. Danksagung in Auftrag geben
- evtl. Todesanzeige in die Zeitung setzen
- evtl. Sterbebild mit Foto und Lebensdaten drucken lassen (alle Anzeigen-Texte kontrollieren)
- Trauerkaffee (zu Hause oder Plätze im Café/Restaurant reservieren): Trauergäste dazu im Trauerbrief oder persönlich einladen
- Musikalischen Rahmen bestimmen (Orgel, Musik vom Band oder Live-Musik)

Kurz vor der Bestattung:
- Ausschmückung der Trauerhalle, evtl. des Grabplatzes
- evtl. persönliche Rituale vorbereiten: Kerzen, Teelichter, Fotocollage, Dias, Film, Musik (Musik- oder Multimedia-Anlage überprüfen)
- evtl. Gebet- oder Liedertexte verteilen
- evtl. Kondolenzlisten auslegen

Nach der Bestattung:
- evtl. Danksagung verschicken oder in Zeitung veröffentlichen
- Sterbeurkunden abholen
- alle Abrechnungen mit der Krankenkasse, und, falls vorhanden, mit der Lebens-, Unfall-, Sterbegeldversicherung machen
- Rentenberechnungsstelle oder Beamtenversorgungsstelle informieren
- Kündigung von Verträgen, Mitgliedschaften, Abos
- Klärung der Wohnsituation
- Grab einebnen lassen, erste Bepflanzung in Auftrag geben**
- evtl. Kreuz, Grabstein oder Stele in Auftrag geben**

* Für diese Tätigkeiten benötigen Sie die Hilfe eines Bestattungsunternehmens. Alles andere könnten Sie selbst in die Hand nehmen. In der Regel aber sind viele Angehörige froh, wenn ihnen einiges an Organisation und die Behördengänge abgenommen werden.

** Hierfür benötigen Sie in der Regel Hilfe, etwa einer Blumenbinderin oder Friedhofsgärtnerei, eines Steinmetzes oder einer Bildhauerin

Sterbeurkunde:
Empfohlen werden fünf bis zehn Kopien.
(Gibt es beim Standesamt des Sterbeortes.)
Dazu mitnehmen:

- Totenschein
- zusätzlich bei Ledigen: Geburtsurkunde und Ausweis
- bei Verheirateten / Geschiedenen / Verwitweten: Ausweis, Familienstammbuch, ggf. Scheidungsurkunde, Sterbeurkunde

Todesbescheinigung (Totenschein vom Arzt):
Wird in Kliniken und Hospiz sofort veranlasst.
Beim Todesfall zu Hause selbst die Hausärztin oder einen anderen Arzt rufen.

Kosten einer Bestattung

	(Euro)
Bestattungsunternehmen	700–4000
Friedhof und Krematorium	1500–5500
Trauerfeier	500–2000
Floristin und Gärtner	250–2500
Urkunden	50–400
gesamt	3000–14400
plus evtl. Kosten für:	
Steinmetzarbeiten	500–7000
Dauergrabpflege	1000–7000

Einzelne Posten in Auszügen:

Bestattungsunternehmen:	
Sarg für Erdbestattung	300–6000
Sarg für Feuerbestattung	300–3000
Urne	40–500
Kissen, Decken[1], Polster	20–250
Totenbekleidung[1]	50–125
Ankleiden[1] und Einbetten	60–150
Hygienische Versorgung	60–150
Überführung, innerörtlich	20–200
Aufbahrung, Dekoration in der Trauerhalle[1]	80–300

Grabkreuz	40–150
Formalitäten[1], Verwaltung	80–220
Friedhof und Krematorium:	
Grabnutzungsgebühren und Friedhofs-Bestattungsgebühren	(siehe Tabelle unter »Friedhofsgebühren«)
Einäscherung im Krematorium	180–400
Trauerfeier:	
30 Trauerbriefe mit Porto[2]	100–170
Zeitungsanzeige[2]	150–350
Musikalische Gestaltung[1]	50–150
Trauerredner[1]	150–350
Cafébesuch für 50 Personen[2]	400–500
Floristin und Gärtner:	
Kranz[2]	50–200
Blumenschmuck Sarg[1]	30–170
Erste Grabbepflanzung:	
Urnenreihengrab	40–400
Erdreihengrab	100–750
Erdwahlgrab:	180–1500
Grabpflege pro Jahr:[1]	
Urnenreihengrab	50–175
Erdreihengrab	75–225
Erdwahlgrab	120–330
Steinmetz:	
Grabstein	300–4000
Inschrift	100–600
Einfassung	300–2000
Aufstellung	150–500
Urkunden:	
Leichenschau	20–230
Sterbeurkunde	ca. 7
Zweite Leichenschau bei Kremation	20–100

1 Kann auch von den Angehörigen übernommen werden.
2 Optional

Friedhofsgebühren

Der Verband der Friedhofsverwalter schätzte 2006 den Umsatz der Friedhofsträger in Deutschland auf knapp vier Milliarden Euro. Zehn Jahre zuvor waren es nur 1760000 Euro. Die Bestattungs- und Grabgebühren der Friedhöfe haben sich also mehr als verdoppelt.

Viele Gemeinden haben die Grabnutzungsgebühren ohne Rücksicht auf die echten Kosten schlicht dem Trend angepasst. Da Erdgräber immer weniger und Urnengräber immer mehr gefragt sind, verteuerte man einfach die Urnenbestattungen, obwohl solche Gräber viel weniger Platz brauchen und für die Aschen viel kürzere Laufzeiten möglich wären.

Viele erhöhen auch einfach die örtlichen Bestattungsgebühren. Darunter fallen u. a. die Benutzung der Leichenkammer und der Friedhofskapelle bzw. -halle, das Ausschachten und Füllen des Grabes, das Transportieren des Sarges oder der Urne zum Grab.

Insgesamt ist der deutsche Friedhofs-Gebühren-Wald unüberschaubar und enthält solche Einzelposten wie:

- Urnenannahme aus einer auswärtigen Region
- Beaufsichtigung fremder Sargträger
- Ausschmückung des Grabes mit Plastikmatten
- Zuschlag für eine Beisetzung nach Dienstschluss

Wer als Nichteinheimischer einen Bestattungsplatz haben möchte, muss zudem häufig eine Auswärtigengebühr bezahlen.

Die Stadt Mettmann beispielsweise liegt mit einer Bestattungsgebühr von 1963 Euro im Spitzenbereich, viele Städte kommen auf 1000 Euro, kleine Gemeinden sind mitunter mit 175 Euro zufrieden.

Die Verbraucherinitiative Aeternitas e. V. hat in einer Gebührendatenbank die Grabnutzungs- und Bestattungsgebühren von über 800 Gemeinden erfasst. Diese sind auf ihrer Webseite: http://www.aeternitas.de/inhalt/datenbanken/grabgebuehren/show_data aufgeführt.

Man kann auf der Seite allerdings nur einzelne Namen abrufen, etliche fehlen, sie scheinen sich zu weigern, ihre Gebühren mitzuteilen. Interessant sind die großen Preisunterschiede.

Hier ein paar Beispiele für **Kosten für ein Erdreihengrab (ohne örtliche Bestattungsgebühren)**:

- in Berlin für 20 Jahre 548 Euro
- in Leipzig für 20 Jahre 709 Euro
- in Stuttgart für 15 Jahre 585 Euro
- in Hamburg für 25 Jahre 1058 Euro

Ähnliche Welten liegen zwischen den Preisen nordrhein-westfälischer Städte, die der Bund der Steuerzahler gemeinsam mit Aeternitas e. V. im Jahr 2006 in einer Übersicht zusammengefasst hat. (Nachzulesen unter http://www.steuerzahler-nrw.de/download%20bdst%20friedhof.pdf)

Hier findet man die Kosten für ein Erdreihengrab (inklusive der örtlichen Bestattungsgebühren)
in Großstädten:
- Köln für 12 Jahre 2440 Euro (pflegefrei)
- Frechen für 20 Jahre 1149 Euro
- Bonn für 15 Jahre 2559 Euro
- Düsseldorf für 30 Jahre 1530 Euro

in ländlichen Gebieten wie dem Sauerland:
- Arnsberg für 30 Jahre 3539 Euro
- Schmallenberg für 30 Jahre 1656 Euro
- Meschede 1345 Euro
- Olpe 1236 Euro

Die Preis-Unterschiede zwischen kleinen und großen Friedhöfen bzw. Gemeinden sind groß. Angegeben ist der Durchschnittspreis (Euro) in Nordrhein-Westfalen, der örtlich und regional häufig stark voneinander abweicht:

Friedhöfe mit	**über 1000 B./J.***	**400 bis 1000 B./J.**	**bis 400 B./J.**
Urnenwahlgrab	1060	945	725
Urnen-Reihengrab	725	555	445
Erd-Wahlgrab	2170	1835	1280
Erd-Reihengrab	1390	1140	835

* Bestattungen/Jahr

Weitere Preisbeispiele aus dem gut erfassten Nordrhein-Westfalen (immer incl. Bestattungskosten):

Erdwahlgrab:
(von 306 bis 4746 Euro)
- Essen 2766 Euro

- Ibbenbüren 1816 Euro
- Warendorf 954 Euro

Erdreihengrab:
(von 204 bis 3539 Euro)
- Duisburg 2126 Euro
- Wuppertal 1647 Euro
- Monschau 780 Euro

Urnenreihengrab:
(von 126 bis 2453 Euro)
- Minden 1303 Euro
- Engelskirchen 873 Euro
- Bottrop 547 Euro

Pflegefreie Urnengrabstelle:
(von 202 bis 2590 Euro)
- Siegen 1557 Euro
- Düsseldorf 1215 Euro
- Zülpich 850 Euro

Anonymes Urnengrab:
(von 120 bis 2228 Euro)
- Bonn 1521 Euro
- Bielefeld 981 Euro
- Münster 493 Euro

Verstreuung der Asche:
Für die Beförderung der Urne zum »Streufeld« und für die Verstreuung der Totenasche auf dem »Streufeld« erheben einige Gemeinden eine »Beisetzungsgebühr«. Diese umstrittene Gebühr liegt in NRW zwischen 100 und 1773 Euro.
(Quelle: Bund der Steuerzahler und Aeternitas e. V.)

Die Gebühren für alle Erd- und Urnengrabformen können in den beiden genannten Datenbanken, aber vor allem auf den Webseiten der in Frage kommenden Gemeinden nachgesehen werden.

Die einzelnen Gemeindeseiten aufzurufen, empfiehlt sich in jedem Fall, da die Gebühren ständig in Bewegung sind.

Man findet die Übersicht unter dem Begriff »Friedhofsgebühren-Ordnung« über die Suchfunktion der Internetseiten der einzelnen Städte.

Grünpolitischer Wert

Um die allgemeinen Friedhofskosten nicht einfach auf die Bürger abzuwälzen, haben einige Gemeinden den Grünanteil ihrer Friedhöfe auf 50 Prozent erhöht und damit eine Vorbildfunktion eingenommen. Der sogenannte »grünpolitische Wert« sagt aus, wie viel Prozent eines Friedhofs als allgemeines Erholungsgebiet für die Bevölkerung betrachtet wird und daher aus der Gemeindekasse zu unterhalten ist. Dieser Wert liegt oft bei 15, 20 oder 30 Prozent. Es empfiehlt sich, den Gemeinderat danach zu fragen.

Versicherungen rund um den Tod

Seit 2004 gibt es kein gesetzlich festgelegtes Sterbegeld mehr, mit dem früher zumindest ein Teil der anfallenden Bestattungskosten beglichen werden konnte. Seitdem kann man aus einer Fülle verschiedener Sterbegeld-Versicherungen wählen. Fast jede andere Form der Geldanlage bringt eine höhere Rendite. Wer lange lebt, zahlt oftmals mehr ein, als am Ende ausgezahlt wird.

Neben den üblichen Versicherungsunternehmen bieten heute auch Gewerkschaften und Verbände Sterbegeld-Verträge an. Die monatlichen Beiträge für Männer sind dabei immer etwas höher, da man bei ihnen von einer geringeren Lebenserwartung und damit kürzeren Einzahldauer ausgeht.

Gruppenversicherungen
Über Gewerkschaften oder Verbände sind die Gruppenversicherungen meist günstiger als die der Wettbewerber. Zudem wird keine Gesundheitsprüfung gefordert.

Beispiel einer Gewerkschaft:

Um 5000 Euro Sterbehilfe zu bekommen, zahlt eine 60-jährige Frau bis zum 85. Lebensjahr 5350 Euro ein, ein 60-jähriger Mann bis zum 80. Lebensjahr 5430 Euro. Ein klarer Nachteil ist jedoch: Wer aus der Gewerkschaft austritt, muss einen höheren Versicherungsbeitrag zahlen, oder kann auch ganz aus der Versicherung ausgeschlossen werden.

Die Verbraucherinitiative Aeternitas e.V. bietet ebenfalls eine Gruppenversicherung an, die an die Mitgliedschaft im Verein gebunden ist. Als Beispiel wird angegeben: Für die Versicherungssumme von 10000 Euro zahlt ein Mann mit dem Eintrittsalter von 43 Jahren bis zum

69. Lebensjahr 33,50 Euro monatlich [= rund 10 450 Euro insgesamt]. Eine Frau mit dem Eintrittsalter von 53 Jahren zahlt bis zu ihrem 75. Lebensjahr 37,40 monatlich [= rund 9880 Euro insgesamt].

Auch beim Sterbegeld normaler Versicherungen sollte man mehrere Angebote einholen. Manche bieten Sofortschutz ohne Wartezeiten, andere zahlen frühestens nach drei Jahren. Es gibt Versicherungen mit und ohne Gesundheitsprüfung oder Mindesteintrittsalter. Bei manchen Versicherungen kann man eine andere Person ohne deren Wissen versichern.

Andere geben eine feste Laufzeit von 25 Jahren an. In diesem Fall zahlt etwa eine 50-jährige Frau bei einer Versicherungssumme von 5000 Euro bis zum 75. Lebensjahr 4224 Euro, der gleichaltrige Mann wiederum 5196 Euro ein. Möglich ist bei einigen Versicherungen auch eine Einmalzahlung. Da zahlt eine 50-jährige Frau für 5000 Euro Sterbegeld auf einmal rund 3200 Euro ein, ein gleichaltriger Mann rund 3400 Euro.

Bei all diesen Angeboten gehen die Versicherungen davon aus, dass die Versicherten um einiges älter werden und das Geld noch eine Weile gewinnbringend angelegt werden kann.

Die deutschen Bestatterverbände haben eigene Modelle entwickelt. Wie beispielsweise die sogenannte **Bestattungsvorsorge Treuhand** (1) oder **Bestattungstreuhand** (2), bei denen zunächst ein Bestattungsvorsorge-Vertrag mit allen Details ausgearbeitet wird und die dafür auflaufenden Kosten zusammengerechnet werden. Diese feste Summe wird auf einmal oder in mehreren Raten auf ein Treuhandkonto eingezahlt. Über die Verzinsung heißt es bei Modell 1 nur: »Das Guthaben des Treugebers wird mit dem jeweils festgelegten Satz verzinst.« Bei Modell 2 heißt es: »Der Zinssatz beträgt derzeit 2,25 Prozent.« Im Todesfall wird dieses Geld an den zuvor beauftragten Bestatter ausgezahlt, der die Beerdigung dann, wie vereinbart, durchführt. Gibt es diesen Bestatter nicht mehr, bekommt der Versicherungsnehmer das Geld selbst in die Hand. (Adressen im Anhang.)

Achtung! Die Stiftung Warentest warnt davor, einen Vertrag direkt mit einem Bestatter abzuschließen, da im Konkursfall das Geld verloren wäre.

Zum Thema Sterbegeld meint Stiftung Warentest: »Sterbegeldversicherungen sind teure Zwitter aus Kapital- und Risikolebensversicherungen mit sehr langen Laufzeiten. Besser ist es, Geld in einem Bank- oder Fondssparplan anzulegen.« Für junge Leute wird eher eine Risiko-Lebensversicherung empfohlen. Der Bund der Versicherten zählt das Sterbegeld nicht zu den Versicherungen, die man abschließen sollte.

Bestattungsvorsorge:
Man kann eine reine Bestattungsverfügung ausfüllen, in der alle Details der Beerdigung festgelegt werden. Wer sicher gehen will, dass alles genau nach dem eigenen Willen verläuft, gibt diese Verfügung nicht in die Hand von Freunden und Angehörigen, sondern überreicht sie als »Willenserklärung« einem Notar. Eine solche Verfügung sollte nie Bestandteil eines Testaments sein, da dieses fast immer erst nach der Bestattung eröffnet wird.

Eine Bestattungsverfügung kann auch beim vertrauten Bestatter vor Ort hinterlegt werden. Man lässt sich das Angebot zeigen und hinterlegt bei ihm eine entsprechende Wunschliste. Oft werden auch gleich verschiedene Leistungspakete angeboten – von »schlicht« bis »exklusiv«. Auch davon kann eines ausgesucht werden. Doch Vorsicht: Diese Pakete enthalten meist nur die reinen Bestatterkosten. Hinzu kommen noch die Grabkosten, der Grabstein usw.

Die Kosten einer im Voraus festgelegten Bestattung werden häufig nach dem Tod von den Erben übernommen, könnten aber auch zuvor beiseite gelegt werden. Dieses Geld kann auf einem simplen Sparbuch oder einem besser verzinsten Tagesgeldkonto liegen. Eine dritte Möglichkeit ergibt sich aus den oben erwähnen Treuhand-Einrichtungen der Bestatter. Hier wird zu Lebzeiten ein bestimmter Betrag auf ein Treuhand-Konto eingezahlt.

Sterbegeld und Hartz IV

Sterbegeld-Versicherungen gehören zum anrechenbaren Vermögen. Wer Hartz IV-Empfänger ist oder für möglich hält, lange arbeitslos zu sein, kann die Anrechnung wie folgt umgehen: Man entscheidet sich bei der Sterbegeld-Versicherung für einen »Verwertungsausschluss«, das heißt, der Versicherungsvertrag kann nicht vorzeitig aufgelöst werden. Oder man lässt die Versicherung über jemanden laufen, der wahrscheinlich kein Arbeitslosengeld oder keine Sozialhilfe beziehen wird. Man selbst ist aber die versicherte Person. Achtung! Derjenige, der den Vertrag abgeschlossen hat, hat dann auch die Verfügungsgewalt darüber.

Bestattungsgesetze der Bundesländer

Land	**Datum Änderung / In Kraft getreten**	**Link**
Baden-Württemberg	01. Juli 2004	www.offenburg.de/dynamic/assets/Bestattungsgesetz_BW.pdf
Bayern	26. Juli 2005 / 01. Januar 2006	http://by.juris.de/by/gesamt/BestattG_BY.htm#BestattG_BY_rahmen
Berlin	19. Mai 2004 (BestG) / 18. Dezember 2004 (DVO-BestG)	www.bestattung-berlin.de/dokumente/bestattungsgesetz.pdf, Verordnung http://www.stadtentwicklung.berlin.de/umwelt/stadtgruen/friedhoefe_begraebnisstaetten/de/gesetze/index.shtml
Brandenburg	17. Dezember 2003	www.landesrecht.brandenburg.de/sixcms/detail.php?gsid=land_bb_bravors_01.c.16035.de
Bremen	2006	http://www2.bremen.de/info/stadtgruen//Start/Stadtgruen_Bremen.html
Hamburg	11. Juli 2007	http://hh.juris.de/hh/gesamt/BestattG_HA.htm
Hessen	05. Juli 2007/ 01. Oktober 2007	http://www.hessenrecht.hessen.de/gesetze/317_Friedhofs_und_Bestattungswesen/317-13-FBG/FBG.htm
Mecklenburg-Vorpommern	27. Juni 2006 / 20. Juli 2006	http://mv.juris.de/mv/gesamt/BestattG_MV.htm#BestattG_MV_rahmen
Niedersachsen	08. Dezember 2005 / 01. Januar 2006	cdl.niedersachsen.de/blob/images/C15302385_L20.pdf

Nordrhein-Westfalen	17. Juni 2003/ 01. September 2003	http://sgv.im.nrw.de/lmi/owa/lr_bs_bes_text?gld_nr=2&ugl_nr=2127&ugl_id=711&bes_id=5166&aufgehoben=N
Rheinland-Pfalz	06. Februar 2001	http://rlp.juris.de/rlp/gesamt/BestattG_RP.htm#BestattG_RP_rahmen
Saarland	15. März 2006	www.saarland.de/dokumente/thema_gesundheit/Bestattungssgesetz DV.pdf
Sachsen	05. Mai 2004/ 01. Januar 2005	http://www.revosax.sachsen.de/GetXHTML.do?sid=184261273571
Sachsen-Anhalt	26. März 2004	http://st.juris.de/st/gesamt/BestattG_ST.htm#BestattG_ST_rahmen
Schleswig-Holstein	04. Februar 2005	http://sh.juris.de/sh/gesamt/BestattG_SH_2005.htm#BestattG_SH_2005_rahmen
Thüringen	19. Mai 2004	www.thüringen.de/imperia/md/content/tim/rechtsgrundlagen/bestattungsgesetz.pdf

Adressen und Links

Organspende:
Informationen der Bundeszentrale für gesundheitliche Aufklärung:
www.organspende-kampagne.de

Trauertextilien:
Designerin Afra Banach, Dortmund
Die Hemden kosten zwischen 200 und 300 Euro.
www.leichenhemd.com

Trauertextilien selbst gestalten:
Eine Anleitung gibt es bei Henny Willems,
Statenlaan 25, NL-6828 WB Arnhem
gegen 10 Euro in einem Briefumschlag.
Unbedingt Absender angeben!

Totenmasken, Handabgüsse und Fingerprints:
Seminare zur Herstellung von Gesichtsmasken:
Paul-Hermann Stöber, Solingen
www.koerper-form.de

Frank Schöneberg, Landau
www.Totenmasken.org

Totenmasken aus Bronze:
Holger Schmidt, Bildhauer, Bonn
www.Totenmasken.de
Totenmasken selbst gestalten:
Dorothea Suckow, Sterbebegleiterin, Neuss
www.Totenmasken.net

Bestatterverbände:
www.bestatter.de (Bundesverband Deutscher Bestatter BDB)
www.vdb-berlin.de
(Verband Deutscher Bestattungsunternehmen, Berlin)
www.bestatter-netz.de (kollegial kooperierende Bestatter)
www.bestatterverband.de (Verband unabhängiger Bestatter)

Bestattungsunternehmen:
www.marschner-bestattungen.de (Berlin)
www.eco-bestattungen.de (Aachen)

www.aetas-trauerkultur.de (München)
www.die-barke.de (Mobile Bestatterinnen)
www.de-schutter-bestattungen.de (Kaiserslautern)
www.horizont-bestattungen.de (Hamburg)
www.charon-bestattungen.de (Berlin)
www.bestattungshaus-kasberger.de (Passau)
www.trostwerk.de (Hamburg)
www.puetz-roth.de (Bergisch Gladbach)

Bestattungs-Discounter:
www.sargdiscount.de
www.aadee-bestattungen.de
www.der-billigbestatter.de
www.Volksbestattung.de
www.billiger-bestatten-bundesweit.de
www.tiefpreis-bestattungen.de
www.preiswert-bestattung.de

Thanatologie:
Verband Dienstleistender Thanatologen (VDT), Zeuthen
www.thanatologen.de

Deutsches Institut für Thanatopraxie GmbH (DIT)
im Bundesverband Deutscher Bestatter e.V.
www.bestatter.de/bdb2/pages/ausbildung/dit.php

Thanatologischer Arbeitskreis
www.uni-mainz.de/Organisationen/thanatologie/arbeitskreis.html

Informationen zum Friedhofszwang für die Asche und entsprechenden Gesetzeslücken:
www.postmortal.de

Verbraucherberatung:
Verbraucherinitiative Aeternitas e.V.
Dollendorfer Str. 72, 53639 Königswinter, Tel. 02244 92537
www.aeternitas.de

Särge und Urnen:
www.sargwelten.de
www.eckhardt-sarg.de
www.uono.de
www.ibisproduct.nl

www.lignotec.com
www.sargdesign.de
www.art-memorial.de
www.wandelmaler.de
www.urnen.de
www.martinemoineau.com
www.urne.ch
www.linotech.de
www.frenzel-urnen.com
www.rita-capitain.de (Bio-Urne Preis 490 bis 590 Euro)

Kirchliche Rituale:
www.bistum-erfurt.de/143/index.php
www.ekd.de/EKD-Texte/bestattungskultur.html
www.antonaschenbrenner.de

Trauerredner:
Bundesarbeitsgemeinschaft Trauerfeier e.V., BATF
www.batf.de
Arbeitsgemeinschaft Freier Theologen (AGFT)
www.agft.net

Deutscher Freidenker-Verband e.V.
www.trauerkultur.org
www.freidenker.de

Interessengemeinschaft freier Bestattungs- und Feierredner
www.feierredner.de

Fachverband für weltliche Bestattungs- und Trauerkultur
www.tod-kultur.org

Freie Trauerredner
www.memosite.de/trauerredner/index.html

Gisa Zeiß, Fehmarn
www.trauerredner.org

Trauermusik:
Musiker:
www.mathes-music.de
http://trauermusik-nrw.de

Musik:
»Death & Gone«, Alternative Trauermärsche
und Totenlieder, 2 CDs über den Handel und unter:
www.trikont.de

»Musica et memoria – Trauermusik durch
die Jahrhunderte«, 6 CDs über den Handel und unter:
www.bestatter.de/bdb2/pages/shop/musik_musica_et_memoria.php

Übersicht kommunaler und privater Krematorien in Deutschland:
www.krematorien-online.de

Seebestattung:
www.trauer.de

Ökologische Bestattung durch Gefriertrocknen:
www.promessa.se

Gemeinschaftsgräber:
Aeternitas e. V. zeigt Beispiele auf der Seite:
www.gemeinschaftsgrab.de

Erster privater Urnenfriedhof:
www.puetz-roth.de/Friedhof.aspx

Kolumbarien:
Infos zum ersten deutschen Kolumbarium in Gotha:
www.bestattung-gotha.de/fried_kolumbarium.htm

Kolumbarien auf Friedhöfen:
www.friedhof-hamburg.de/ohlsdorf/grabstaetten/kolumbarium.htm

Ein privates Kolumbarium:
www.kolumbarium.org

Kolumbarien in Kirchen:
www.bistum-erfurt.de/seiten/1932.htm
www.grabeskirche-aachen.de/grabeskirche.html

Grabbepflanzung:
www.der-letzte-garten.de

Patenschaften:
Hamburg
www.garten-der-frauen.de
Kostenpunkt: 1280 Euro inkl. Bepflanzung und Pflege für 25 Jahre.

Patenschaften können auch auf den Friedhöfen in Görlitz, Düsseldorf und weiteren Großstädten übernommen werden.

Grabmale:
Grabmale für Gemeinschafts- oder Freundschaftsgräber:
www.galerie-erler.de
www.pforzheimer-grabmale.de
www.helmut-hirte.de

Grabmale für integrierte Urnengräber:
www.steinmetz-rudolph.de

Grabmal-Konzepte:
www.denkwerk-berlin.de

Überblick über Grabsteine und ihre Gestaltung:
www.grabmal.ag

Grabsteine ohne Kinderarbeit:
www.xertifix.de

Grabmale aus buntem Glas:
www.glaskreuze.de

Grabstein mit LCD-Bildschirm und Erinnerungsfilm:
www.digizerk.eu

Grableuchten und Grabschmuck:
www.mobileglasobjekte.de
www.grablaternen.de
www.glafey-lichte.homepage.t-online.de/laterne_blech.pdf
www.grab-schmuck.de

www.ausstellung-dernier-cri.de
Grabmale, Leuchten, Särge, Urnen und Erinnerungsschmuck

Museum rund um Bestattung und Friedhof:
www.sepulkralmuseum.de

Wald- und Parkbestattungen:
www.friedwald.de
www.ruheforst.de
www.trauerwald.com

Bedingungen und Kosten:
Friedwald
Einzel-, Familien-, und Freundschaftsbäume für zehn Personen, Durchmesser bis 20 cm: ab 3350 Euro. Große Bäume kosten erheblich mehr.
Gemeinschaftsbaum: je ein Platz (von insgesamt zehn): 770 Euro, Prachtbaum: 1200 Euro
Ruhefrist bis zu 99 Jahren
Beisetzungsgebühr: 189 Euro
Ruheforst
Bestattungsplätze unter Bäumen und anderen »Naturdenkmälern« wie Sträuchern und Steinen.
Einzel-, Familien- oder Freundschaftsbiotope für zwölf Personen: 2500 und 4500 Euro, besondere Plätze ab 5000 Euro
Gemeinschaftsbiotop (insgesamt zwölf Plätze) für jeden einzelnen: 430 bis 860 Euro
Ruhefrist bis zu 99 Jahren
Beisetzungsgebühr: 170 Euro
Alle Preise bei Ruheforst zzgl. Mehrwertsteuer

Trauerwald
Park Spiegelau:
Anonymes Urnengrab auf Wiese: ab 100 Euro
Halbanonymer Baumplatz mit Namensschild: 600 Euro für je 10 Jahre
Pflanzen eines eigenen Baumes: 195 Euro bis 1099 Euro zzgl. Pflanzarbeiten: 160 bis 335 Euro
Selbstgepflanzter Familienbaum mit vier Grabplätzen: 2500 Euro, mit zwölf für 7500 Euro, für 50 Jahre
Felsbestattung: 400 Euro für zehn Jahre
Familienfelsen mit zwölf Grabplätzen: 5000 Euro für 50 Jahre
Bayerisch Eisenstein:
Gemeinschaftsbaum oder -felsen: 480 Euro
Freundschafts-/Familienbaum oder -felsen mit vier Plätzen: 999 bis 3500 Euro
Laufzeit für alle Gräber: 20 Jahre

Ausländische Bestattungsunternehmen:
Die Asche nach einem bestimmten Procedere wieder an die Angehörigen in Deutschland zurückgeben – auf Wunsch auch die Asche an ungewöhnlichen Orten im Ausland verstreuen oder beisetzen:
www.naturbestattungen.de
www.seelenfrieden.ch
www.alpspielmannda.ch
www.spanien-bestattungen.de

Ungewöhnliche Bestattungsformen:
www.luftbestattungen.rastatt.de
www.naturbestattung.at

Alternative Szene und Bestattungen in den USA und Großbritannien:
Grüne Friedhöfe:
www.naturalburial.org
www.naturalburial.coop
www.naturaldeath.org.uk
Bestattungstücher:
www.kinkaraco.com
Recyclingsärge und Urnen:
www.ecopod.co.uk
www.casketfurniture.com

Kapriziöse Bestattungsarten:
Weltraumbestattungen:
www.weltraumbestattung-lessing.de
Künstliche Riffe:
www.eternalreefs.com
www.marilim.de/reefd.html

Diamanten aus der Asche der Verstorbenen:
www.algordanza.ch
www.diamondlive.org
www.lifegem.com

Gedenkseiten im Internet:
www.porta-memoria.de
www.cemetery.org
www.memoriam.de
www.memosite.de

Gedenkvideos:
www.trauervideo.de
www.lebensfilm.de
(Persönliche Erinnerungsfilme ab 630 Euro)
www.etostv.de
(Filme im Internet und über digitalen FS-Kanal)

Gräber historischer Persönlichkeiten in aller Welt:
www.knerger.de
www.findagrave.com
www.Promigrab.de
www.pere-lachaise.com

Trauersprüche:
www.trauerlyrik.de
www.kondolenz.info

Sterbegeldversicherung:
Deutsche Bestattungsvorsorge Treuhand AG
Verband Deutscher Bestatter (VDB)
Volmerswerther Str. 79, 40221 Düsseldorf
(Tel: 0211 1600812)
www.bestatter.de/bdb2/pages/vorsorge/treuhand.php?PHPSESSID=prso47ou1qulqijp2cvkusip75

Bestattungstreuhand GmbH
Verband unabhängiger Bestatter (VuB),
In der Tütenbeke 6,
32339 Espelkamp
(Tel: 0700 91009200)
www.bestattungstreuhand.de

Angaben zur Autorin

Magdalena Köster hat die Deutsche Journalistenschule in München besucht und arbeitet als freie Journalistin für Zeitschriften, Zeitungen und Hörfunk sowie als Buchautorin und Herausgeberin. Sie lebt mit ihrer Familie in München. Mehr über ihre Arbeit unter www.journalistenbuero-muenchen.de